Todos los libros de Linkgua Ediciones cuentan con modelos de Inteligencia Artificial entrenados por hispanistas. Pregúntale al chat de tu libro lo que desees acerca de la obra o su autor/a.

Para ebooks: Accede a nuestro modelo de IA a través de este enlace.

Para libros impresos: Escanea el código QR de la portada con tu dispositivo móvil.

Obtén análisis detallados de nuestros libros, resúmenes, respuestas a tus preguntas y accede a nuestras ediciones críticas generativas para una experiencia de lectura más enriquecedora.
La transparencia y el respeto hacia la autoría de las fuentes utilizadas son distintivos básicos de nuestro proyecto. Por ello, las respuestas ofrecen, mediante un sistema de citas, las fuentes con las que han sido elaboradas.

Emilia Pardo Bazán

Historias y cuentos de Galicia

Barcelona 2024
Linkgua-ediciones.com

Créditos

Título original: Historias y cuentos de Galicia.

© 2024, Red ediciones S.L.

e-mail: info@linkgua.com

Diseño de cubierta: Michel Mallard.

ISBN rústica ilustrada: 978-84-9953-801-3.
ISBN tapa dura: 978-84-1126-293-4.
ISBN ebook: 978-84-9007-692-7.

Cualquier forma de reproducción, distribución, comunicación pública o transformación de esta obra solo puede ser realizada con la autorización de sus titulares, salvo excepción prevista por la ley. Diríjase a CEDRO (Centro Español de Derechos Reprográficos, www.cedro.org) si necesita fotocopiar, escanear o hacer copias digitales de algún fragmento de esta obra.

Sumario

Créditos	4
Brevísima presentación	9
La vida	9
Un destripador de antaño	11
I	11
II	20
III	31
IV	39
«La Mayorazga» de Bouzas	41
Madre gallega	55
Nieto del Cid	61
El pinar del tío Ambrosio	73
Planta montés	79
Poema humilde	87
La amenaza	93
Que vengan aquí...	99
El trueque	105
«La Camarona»	111

Viernes Santo	115
El tetrarca en la aldea	129
Pena de muerte	135
Barbastro	139
Ocho nueces	145
Nuestro Señor de las Barbas	153
La santa de Karnar	161
I	161
II	169
De polizón	175
Las setas	181
Saletita	187
La redada	193
La oreja de Juan Soldado. (Cuento futuro)	199
Libros a la carta	205

Brevísima presentación

La vida

Emilia Pardo Bazán (1851-1921). España. Nació el 16 de septiembre en A Coruña. Hija de los condes de Pardo Bazán, título que heredó en 1890. En su adolescencia escribió algunos versos y los publicó en el *Almanaque de Soto Freire*.

En 1868 contrajo matrimonio con José Quiroga, vivió en Madrid y viajó por Francia, Italia, Suiza, Inglaterra y Austria; sus experiencias e impresiones quedaron reflejadas en libros como *Al pie de la torre Eiffel* (1889), *Por Francia y por Alemania* (1889) o *Por la Europa católica* (1905).

En 1876 Emilia editó su primer libro, *Estudio crítico de Feijoo*, y una colección de poemas, *Jaime*, con motivo del nacimiento de su primer hijo. *Pascual López*, su primera novela, se publicó en 1879 y en 1881 apareció *Viaje de novios*, la primera novela naturalista española. Entre 1831 y 1893 editó la revista *Nuevo Teatro Crítico* y en 1896 conoció a Émile Zola, Alphonse Daudet y los hermanos Goncourt. Además tuvo una importante actividad política como consejera de Instrucción Pública y activista feminista.

Desde 1916 hasta su muerte el 12 de mayo de 1921, fue profesora de Literaturas románicas en la Universidad de Madrid.

Un destripador de antaño

La leyenda del «destripador», asesino medio sabio y medio brujo, es muy antigua en mi tierra. La oí en tiernos años, susurrada o salmodiada en terroríficas estrofas, quizá al borde de mi cuna, por la vieja criada, quizá en la cocina aldeana, en la tertulia de los gañanes, que la comentaban con estremecimientos de temor o risotadas oscuras. Volvió a aparecérseme, como fantasmagórica creación de Hoffmann, en las sombrías y retorcidas callejuelas de un pueblo que hasta hace poco permaneció teñido de colores medievales, lo mismo que si todavía hubiese peregrinos en el mundo y resonase aún bajo las bóvedas de la catedral el himno de Ultreja. Más tarde, el clamoreo de los periódicos, el pánico vil de la ignorante multitud, hacen surgir de nuevo en mi fantasía el cuento, trágico y ridículo como Quasimodo, jorobado con todas las jorobas que afean al ciego Terror y a la Superstición infame. Voy a contarlo. Entrad conmigo valerosamente en la zona de sombra del alma.

I

Un paisajista sería capaz de quedarse embelesado si viese aquel molino de la aldea de Tornelos. Caído en la vertiente de una montañuela, dábale alimento una represa que formaba lindo estanque natural, festoneado de canas y poas, puesto, como espejillo de mano sobre falda verde, encima del terciopelo de un prado donde crecían áureos ranúnculos y en otoño abrían sus corolas moradas y elegantes lirios. Al otro lado de la represa habían trillado sendero el pie del hombre y el casco de los asnos que iban y volvían cargados de sacas, a la venida con maíz, trigo y centeno en grano, al regreso, con harina oscura, blanca o amarillenta. ¡Y qué bien «componía», coronando el rústico molino y la pobre casuca de los molineros, el gran castaño de horizontales ramas y frondosa copa, cubierto en verano de pálida y desmelenada flor; en octubre de picantes y reventones erizos! ¡Cuán gallardo y majestuoso se perfilaba sobre la azulada cresta del monte, medio velado entre la cortina gris del humo que salía, no por la chimenea —pues no la tenía la casa del molinero, ni aun hoy la tienen muchas casas de aldeanos de Galicia—, sino por todas partes; puertas, ventanas, resquicios del tejado y grietas de las desmanteladas paredes!

El complemento del asunto —gentil, lleno de poesía, digno de que lo fijase un artista genial en algún cuadro idílico— era una niña como de trece a catorce años, que sacaba a pastar una vaca por aquellos ribazos siempre tan floridos y frescos, hasta en el rigor del estío, cuando el ganado languidece por falta de hierba. Minia encarnaba el tipo de la pastora: armonizaba con el fondo. En la aldea la llamaba roxa, pero en sentido de rubia, pues tenía el pelo del color del cerro que a veces hilaba, de un rubio pálido, lacio, que, a manera de vago reflejo lumínico, rodeaba la carita, algo tostada por el Sol, oval y descolorida, donde solo brillaban los ojos con un toque celeste, como el azul que a veces se entrevé al través de las brumas del montañés celaje. Minia cubría sus carnes con un refajo colorado, desteñido ya por el uso; recia camisa de estopa velaba su seno, mal desarrollado aún; iba descalza, y el pelito lo llevaba envedijado y revuelto y a veces mezclado —sin asomo de ofeliana coquetería— con briznas de paja o tallos de los que segaba para la vaca en los linderos de las heredades. Y así y todo, estaba bonita, bonita como un ángel, o, por mejor decir, como la patrona del santuario próximo, con la cual ofrecía —al decir de las gentes— singular parecido.

La célebre patrona, objeto de fervorosa devoción para los aldeanos de aquellos contornos, era un «cuerpo santo», traído de Roma por cierto industrioso gallego, especie de Gil Blas, que, habiendo llegado, por azares de la fortuna a servidor de un cardenal romano, no pidió otra recompensa, al terminar, por muerte de su amo, diez años de buenos y leales servicios, que la urna y efigie que adornaban el oratorio del cardenal. Diéronselas y las trajo a su aldea, no sin aparato. Con sus ahorrillos y alguna ayuda del arzobispo, elevó modesta capilla, que a los pocos años de su muerte las limosnas de los fieles, la súbita devoción despertada en muchas leguas a la redonda, transformaron en rico santuario, con su gran iglesia barroca y su buena vivienda para el santero, cargo que desde luego asumió el párroco, viniendo así a convertirse aquella olvidada parroquia de montaña en pingue canonjía. No era fácil averiguar con rigurosa exactitud histórica, ni apoyándose en documentos fehacientes e incontrovertibles, a quién habría pertenecido el huesecillo del cráneo humano incrustado en la cabeza de cera de la Santa. Solo un papel amarillento, escrito con letra menuda y firme y pegado en el fondo de la urna, afirmaba ser aquellas las reliquias de la bienaventurada Herminia, noble virgen que padeció martirio bajo Diocleciano. Inútil parece buscar en las actas de los mártires el nombre y género de muerte de la bienaventurada Herminia. Los aldeanos tampoco lo preguntaban, ni ganas de meterse en tales honduras. Para ellos, la Santa no era figura de cera, sino el mismo cuerpo incorrupto; del nombre germánico de la mártir hicieron el gracioso y familiar de Minia, y a fin de apropiárselo mejor, le añadieron el de la parroquia, llamándola Santa Minia de Tornelos. Poco les importaba a los devotos montañeses el cómo ni el cuándo de su Santa; veneraban en ella la Inocencia y el Martirio, el heroísmo de la debilidad; cosa sublime.

A la rapaza del molino le habían puesto Minia en la pila bautismal, y todos los años, el día de la fiesta de su patrona, arrodillábase la chiquilla delante de la urna tan embelesada con la contemplación de la Santa, que ni acertaba a mover los labios rezando. La fascinaba la efigie, que para ella también era un cuerpo real, un verdadero cadáver. Ello es que la Santa estaba preciosa; preciosa y terrible a la vez. Representaba la cérea figura a una jovencita como de quince años, de perfectas facciones pálidas. Al través de sus párpados cerrados por la muerte, pero ligeramente revulsos por la contracción de la agonía, veíanse brillar los ojos de cristal con misterioso brillo. La boca, también entreabierta, tenía los labios lívidos, y transparecía el esmalte de la dentadura. La cabeza, inclinada sobre el almohadón de seda carmesí que cubría un encaje de oro ya deslucido, ostentaba encima del pelo rubio una corona de rosas de plata; y la postura permitía ver perfectamente la herida de la garganta, estudiada con clínica exactitud; las cortadas arterias, la laringe, la sangre, de la cual algunas gotas negreaban sobre el cuello. Vestía la Santa dalmática de brocado verde sobre túnica de tafetán color de caramelo, atavío más teatral que romano en el cual entraban como elemento ornamental bastantes lentejuelas e hilillos de oro. Sus manos, finísimamente modeladas y exangües, se cruzaban sobre la palma de su triunfo. Al través de los vidrios de la urna, al reflejo de los cirios, la polvorienta imagen y sus ropas, ajadas por el transcurso del tiempo, adquirían vida sobrenatural. Diríase que la herida iba a derramar sangre fresca.

La chiquilla volvía de la iglesia ensimismada y absorta. Era siempre de pocas palabras; pero un mes después de la fiesta patronal, difícilmente salía de su mutismo, ni se veía en sus labios la sonrisa, a no ser que los vecinos le dijesen que «se parecía mucho con la Santa».

Los aldeanos no son blandos de corazón; al revés, suelen tenerlo tan duro y callado como las palmas de las manos; pero cuando no esta en juego su interés propio, poseen cierto instinto de justicia que los induce a tomar el partido del débil oprimido por el fuerte. Por eso miraban a Minia con profunda lástima. Huérfana de padre y madre, la chiquilla vivía con sus tíos. El padre de Minia era molinero, y se había muerto de intermitentes palúdicas, mal frecuente en los de su oficio; la madre le siguió al sepulcro, no arrebatada de pena, que en una aldeana sería extraño género de muerte, sino a poder de un dolor de costado que tomó saliendo sudorosa de cocer la hornada de maíz. Minia quedó solita a la edad de año y medio, recién destetada. Su tío, Juan Ramón —que se ganaba la vida trabajosamente en el oficio de albañil, pues no era amigo de labranza—, entró en el molino como en casa propia, y, encontrando la industria ya fundada, la clientela establecida, el negocio entretenido y cómodo, ascendió a molinero, que en la aldea es ascender a personaje. No tardó en ser su consorte la moza con quien tenía trato, y de quien poseía ya dos frutos de maldición: varón y hembra. Minia y estos retoños crecieron mezclados, sin más diferencia aparente sino que los chiquitines decían al molinero y a la molinera papai y mamai, mientras Minia, aunque nadie se lo hubiese enseñado, no los llamó nunca de otro modo que «señor tío» y «señora tía».

Si se estudiase a fondo la situación de la familia, se verían diferencias más graves. Minia vivía relegada a la condición de criada o moza de faena. No es decir que sus primos no trabajasen, porque el trabajo a nadie perdona en casa del labriego; pero las labores más viles, las tareas más duras, guardábanse para Minia. Su prima Melia, destinada por su madre a costurera, que es entre las campesinas profesión aristocrática, daba a la aguja en una sillita, y se divertía oyendo los requiebros bárbaros y las picardihuelas de los mozos y mozas que acudían al molino y se pasaban allí la noche en vela y broma, con notoria ventaja del diablo y no sin frecuente e ilegal acrecentamiento de nuestra especie. Minia era quien ayudaba a cargar el carro de tojo; la que, con sus manos diminutas, amasaba el pan; la que echaba de comer al becerro, al cerdo y a las gallinas; la que llevaba a pastar la vaca, y, encorvada y fatigosa, traía del monte el haz de leña, o del soto el saco de castañas, o el cesto de hierba del prado. Andrés, el mozuelo, no la ayudaba poco ni mucho; pasábase la vida en el molino, ayudando a la molienda y al maquileo, y de riola, fiesta, canto y repiqueteo de panderetas con los demás rapaces y rapazas. De esta temprana escuela de corrupción sacaba el muchacho pullas, dichos y barrabasadas que a veces molestaban a Minia, sin que ella supiese por qué ni tratase de comprenderlo.

El molino, durante varios años, produjo lo suficiente para proporcionar a la familia cierto desahogo. Juan Ramón tomaba el negocio con interés, estaba siempre a punto aguardando por la parroquia, era activo, vigilante y exacto. Poco a poco, con el desgaste de la vida que corre insensible y grata, resurgieron sus aficiones a la holgazanería y al bienestar, y empezaron los descuidos, parientes tan próximos de la ruina. ¡El bienestar! Para un labriego estriba en poca cosa: algo más del torrezno y unto en el pote, carne de vez en cuando, pantrigo a discreción, leche cuajada o fresca, esto distingue al labrador acomodado del desvalido. Después viene el lujo de la indumentaria: el buen traje de rizo, las polainas de prolijo pespunte, la camisa labrada, la faja que esmaltan flores de seda, el pañuelo majo y la botonadura de plata en el rojo chaleco. Juan Ramón tenía de estas exigencias, y acaso no fuesen ni la comida ni el traje lo que introducía desequilibrio en su presupuesto, sino la pícara costumbre, que iba arraigándose, de «echar una pinga» en la taberna del Canelo, primero, todos los domingos; luego, las fiestas de guardar; por último muchos días en que la Santa Madre Iglesia no impone precepto de misa a los fieles. Después de las libaciones, el molinero regresaba a su molino, ya alegre como unas pascuas, ya tétrico, renegando de su suerte y con ganas de arrimar a alguien un sopapo. Melia, al verle volver así, se escondía. Andrés, la primera vez que su padre le descargó un palo con la tranca de la puerta, se revolvió como una fiera, le sujetó y no le dejó ganas de nuevas agresiones; Pepona, la molinera, más fuerte, huesuda y recia que su marido, también era capaz de pagar en buena moneda el cachete; solo quedaba Minia, víctima sufrida y constante. La niña recibía los golpes con estoicismo, palideciendo a veces cuando sentía vivo dolor —cuando, por ejemplo, la hería en la espinilla o en la cadera la punta de un zueco de palo—, pero no llorando jamás. La parroquia no ignoraba estos tratamientos, y algunas mujeres compadecían bastante a Minia. En las tertulias del atrio, después de misa; en las deshojas del maíz, en la romería del santuario, en las ferias, comenzaba a susurrarse que el molinero se empeñaba, que el molino se hundía, que en las maquilas robaban sin temor de Dios, y que no tardaría la rueda en pararse y los alguaciles en entrar allí para embargarles hasta la camisa que llevaban sobre los lomos.

Una persona luchaba contra la desorganización creciente de aquella humilde industria y aquel pobre hogar. Era Pepona, la molinera, mujer avara, codiciosa, ahorrona hasta de un ochavo, tenaz, vehemente y áspera. Levantada antes que rayase el día, incansable en el trabajo, siempre se la veía, ya inclinada labrando la tierra, ya en el molino regateando la maquila, ya trotando, descalza, por el camino de Santiago adelante con una cesta de huevos, aves y verduras en la cabeza, para ir a venderla al mercado. Mas ¿qué valen el cuidado y el celo, la economía sórdida de una mujer, contra el vicio y la pereza de dos hombres? En una mañana se bebía Juan Ramón, en una noche de tuna despilfarraba Andrés el fruto de la semana de Pepona.

Mal andaban los negocios de la casa, y peor humorada la molinera, cuando vino a complicar la situación un año fatal, año de miseria y sequía, en que, perdiéndose la cosecha del maíz y trigo, la gente vivió de averiadas habichuelas, de secos habones, de pobres y héticas hortalizas, de algún centeno de la cosecha anterior, roído ya por el cornezuelo y el gorgojo. Lo más encogido y apretado que se puede imaginar en el mundo, no acierta a dar idea del grado de reducción que consigue el estómago de un labrador gallego y la vacuidad a que se sujetan sus elásticas tripas en años así. Berzas espesadas con harina y suavizadas con una corteza de tocino rancio; y esto un día y otro día, sin sustancia de carne, sin gota de vino para reforzar un poco los espíritus vitales y devolver vigor al cuerpo. La patata, el pan del pobre, entonces apenas se conocía, porque no sé si dije que lo que voy contando ocurrió en los primeros lustros del siglo décimonono.

Considérese cuál andaría con semejante añada el molino de Juan Ramón. Perdida la cosecha, descansaba forzosamente la muela. El rodezno, parado y silencioso, infundía tristeza; semejaba el brazo de un paralítico. Los ratones, furiosos de no encontrar grano que roer, famélicos también ellos, correteaban alrededor de la piedra, exhalando agrios chillidos. Andrés, aburrido por la falta de la acostumbrada tertulia, se metía cada vez más en danzas y aventuras amorosas, volviendo a casa como su padre, rendido y enojado, con las manos que le hormigueaban por zurrar. Zurraba a Minia con mezcla de galantería rústica y de brutalidad, y enseñaba los dientes a su madre porque la pitanza era escasa y desabrida. Vago ya de profesión, andaba de feria en feria buscando lances, pendencias y copas. Por fortuna, en primavera cayó soldado y se fue con el chopo camino de la ciudad. Hablando como la dura verdad nos impone, confesaremos que la mayor satisfacción que pudo dar a su madre fue quitársele de la vista: ningún pedazo de pan traía a casa, y en ella solo sabía derrochar y gruñir, confirmando la sentencia: «Donde no hay harina, todo es mohína».

La víctima propiciatoria, la que expiaba todos los sinsabores y desengaños de Pepona, era..., ¿quién había de ser? Siempre había tratado Pepona a Minia con hostil indiferencia; ahora, con odio sañudo de impía madrastra. Para Minia los harapos; para Melia los refajos de grana; para Minia la cama en el duro suelo; para Melia un leito igual al de sus padres; a Minia se le arrojaba la corteza de pan de borona enmohecido, mientras el resto de la familia despachaba el caldo calentito y el compango de cerdo. Minia no se quejaba jamás. Estaba un poco más descolorida y perpetuamente absorta, y su cabeza se inclinaba a veces lánguidamente sobre el hombro, aumentándose entonces su parecido con la Santa. Callada, exteriormente insensible, la muchacha sufría en secreto angustia mortal, inexplicables mareos, ansias de llorar, dolores en lo más profundo y delicado de su organismo, misteriosa pena, y, sobre todo, unas ganas constantes de morirse para descansar yéndose al cielo... Y el paisajista o el poeta que cruzase ante el molino y viese el frondoso castaño, la represa con su agua durmiente y su orla de cañas, la pastorcilla rubia, que, pensativa, dejaba a la vaca saciarse libremente por el lindero orlado de flores, soñaría con idilios y haría una descripción apacible y encantadora de la infeliz niña golpeada y hambrienta, medio idiota ya a fuerza de desamores y crueldades.

II

Un día descendió mayor consternación que nunca sobre la choza de los molineros. Era llegado el plazo fatal para el colono: vencía el término del arriendo, y, o pagaba al dueño del lugar, o se verían arrojados de él y sin techo que los cobijase, ni tierra donde cultivar las berzas para el caldo. Y lo mismo el holgazán Juan Ramón que Pepona la diligente, profesaban a aquel quiñón de tierra el cariño insensato que apenas profesarían a un hijo pedazo de sus entrañas. Salir de allí se les figuraba peor que ir para la sepultura: que esto, al fin, tiene que suceder a los mortales, mientras lo otro no ocurre sino por impensados rigores de la suerte negra. ¿Dónde encontrarían dinero? Probablemente no había en toda la comarca las dos onzas que importaba la renta del lugar. Aquel año de miseria —calculó Pepona—, dos onzas no podían hallarse sino en la boeta o cepillo de Santa Minia. El cura sí que tendría dos onzas, y bastantes más, cosidas en el jergón o enterradas en el huerto... Esta probabilidad fue asunto de la conversación de los esposos, tendidos boca a boca en el lecho conyugal, especie de cajón con una abertura al exterior, y dentro un relleno de hojas de maíz y una raída manta. En honor de la verdad, hay que decir que a Juan Ramón, alegrillo con los cuatro tragos que había echado al anochecer para confortar el estómago casi vacío, no se le ocurría siquiera aquello de las onzas del cura hasta que se lo sugirió, cual verdadera Eva, su cónyuge; y es justo observar también que contestó a la tentación con palabras muy discretas, como si no hablase por su boca el espíritu parral.

—Oyes, tú, Juan Ramón... El clérigo sí que tendrá a rabiar lo que aquí nos falta... Ricas onciñas tendrá el clérigo.

—¿Tú roncas, o me oyes, o qué haces?

—Bueno, ¡rayo!, y si las tiene, ¿qué rayos nos interesa? Dar, no nos las ha de dar.

—Darlas, ya se sabe; pero... emprestadas...

—¡Emprestadas! Sí, ve a que te empresten...

—Yo digo emprestadas así, medio a la fuerza... ¡Malditos!... No sois hombres, no tenéis de hombres sino la parola... Si estuviese aquí Andresiño..., un día..., al oscurecer...

—Como vuelvas a mentar eso, los diaños lleven si no te saco las muelas del bofetón...

—Cochinos de cobardes; aún las mujeres tenemos más riñones...

—Loba, calla; tú quieres perderme. El clérigo tiene escopeta... y a más quieres que Santa Minia mande una centella que mismamente nos destrice...

—Santa Minia es el miedo que te come...

—¡Toma, malvada!...

—¡Pellejo, borranchón!...

Estaba echada Minia sobre un haz de paja, a poca distancia de sus tíos, en esa promiscuidad de las cabañas gallegas, donde irracionales y racionales, padres e hijos, yacen confundidos y mezclados. Aterida de frío bajo su ropa, que había amontonado para cubrirse —pues manta Dios la diese—, entreoyó algunas frases sospechosas y confusas, las excitaciones sordas de la mujer, los gruñidos y chanzas vinosas del hombre. Tratábase de la Santa... Pero la niña no comprendió. Sin embargo, aquello le sonaba mal; le sonaba a ofensa, a lo que ella, si tuviese nociones de lo que tal palabra significa, hubiese llamado desacato. Movió los labios para rezar la única oración que sabía, y así rezando, se quedó traspuesta. Apenas le salteó el sueño, le pareció que una luz dorada y azulada llenaba el recinto de la choza. En medio de aquella luz, o formando aquella luz, semejante a la que despedía la «madama de fuego» que presentaba el cohetero en la fiesta patronal, estaba la Santa, no reclinada, sino de pie, y blandiendo su palma como si blandiese un arma terrible. Minia creía oír distintamente estas palabras. «¿Ves? Los mato». Y mirando hacia el lecho de sus tíos, los vio cadáveres, negros, carbonizados, con la boca torcida y la lengua de fuera. En este momento se dejó oír el sonoro cántico del gallo; la becerrilla mugió en el establo, reclamando el pezón de su madre... Amanecía.

Si pudiese la niña hacer su gusto, se quedaría acurrucada entre la paja la mañana que siguió a su visión. Sentía gran dolor en los huesos, quebrantamiento general, sed ardiente. Pero la hicieron levantar, tirándola del pelo y llamándola holgazana, y, según costumbre, hubo de sacar el ganado. Con su habitual pasividad no replicó; agarró la cuerda y echó hacia el pradillo. La Pepona, por su parte, habiéndose lavado primero los pies y luego la cara en el charco más próximo a la represa del molino, y puéstose el dengue y el mantelo de los días grandes y también —lujo inaudito— los zapatos, colocó en una cesta hasta dos docenas de manzanas, una pella de manteca envuelta en una hoja de col, algunos huevos y la mejor gallina ponedora, y, cargando la cesta en la cabeza, salió del lugar y tomó el camino de Compostela con aire resuelto. Iba a implorar, a pedir un plazo, una prórroga, un perdón de renta, algo que les permitiese salir de aquel año terrible sin abandonar el lugar querido, fertilizado con su sudor... Porque las dos onzas del arriendo..., ¡quia! en la boeta de Santa Minia o en el jergón del clérigo seguirían guardadas, por ser un calzonazos Juan Ramón y faltar de la casa Andresiño..., y no usar ella, en lugar de refajos, las mal llevadas bragas del esposo.

No abrigaba Pepona grandes esperanzas de obtener la menor concesión, el más pequeño respiro. Así se lo decía a su vecina y comadre Jacoba de Alberte, con la cual se reunió en el crucero, enterándose de que iba a hacer la misma jornada, pues Jacoba tenía que traer de la ciudad medicina para su hombre, afligido con un asma de todos los demonios, que no le dejaba estar acostado, ni por las mañanas casi respirar. Resolvieron las dos comadres ir juntas para tener menos miedo a los lobos o a los aparecidos, si al volver se les echaba la noche encima; y pie ante pie, haciendo votos porque no lloviese, pues Pepona llevaba a cuestas el fondito del arca, emprendieron su caminata charlando.

—Mi matanza —dijo la Pepona— es que no podré hablar cara a cara con el señor marqués, y al apoderado tendré que arrodillarme. Los señores de mayor señorío son siempre los más compadecidos del pobre. Los peores, los señoritos hechos a puñetazos, como don Mauricio, el apoderado; esos tienen el corazón duro como las piedras y le tratan a uno peor que a la suela del zapato. Le digo que voy allá como el buey al matadero.

La Jacoba, que era una mujercilla pequeña, de ojos ribeteados, de apergaminadas facciones, con dos toques, cual de ladrillos en los pómulos, contestó en voz plañidera:

—¡Ay comadre! Iba yo cien veces a donde va, y no quería ir una a donde voy. ¡Santa Minia nos valga! Bien sabe el Señor Nuestro Dios que me lleva la salud del hombre, porque la salud vale más que las riquezas. No siendo por amor de la salud, ¿quién tiene valor de pisar la botica de don Custodio?

Al oír este nombre, viva expresión de curiosidad azorada se pintó en el rostro de la Pepona y arrugóse su frente, corta y chata, donde el pelo nacía casi a un dedo de las tupidas cejas.

—¡Ay! Sí, mujer... Yo nunca allá fui. Hasta por delante de la botica no me da gusto pasar. Andan no sé qué dichos, de que el boticario hace «meigallos».

—Eso de no pasar, bien se dice; pero cuando uno tiene la salud en sus manos... La salud vale más que todos los bienes de este mundo; y el pobre que no tiene otro caudal sino la salud, ¿qué no hará por conseguirla? Al demonio era yo capaz de ir a pedirle en el infierno la buena untura para mi hombre. Un peso y doce reales llevamos gastados este año en botica, y nada; como si fuese agua de la fuente; que hasta es un pecado derrochar los cuartos así, cuando no hay una triste corteza para llevar a la boca. De manera es que ayer por la noche, mi hombre, que tosía que casi arreventaba, me dijo, dice: «¡Ei!, Jacoba: o tú vas a pedirle a don Custodio la untura, o yo espicho. No hagas caso del médico; no hagas caso, si a manos viene, ni de Cristo Nuestro Señor; a don Custodio has de ir; que si él quiere, del apuro me saca con solo dos cucharaditas de los remedios que sabe hacer. Y no repares en dinero, mujer, no siendo que quiéraste quedar viuda.» Así es que... —Jacoba metió misteriosamente la mano en el seno y extrajo, envuelto en un papelito, un objeto muy chico— aquí llevo el corazón del arca... ¡un dobloncillo de a cuatro! Se me van los «espíritus» detrás de él; me cumplía para mercar ropa, que casi desnuda en carnes ando; pero primero es la vida del hombre, mi comadre..., y aquí lo llevo para el ladro de don Custodio. Asús me perdone.

La Pepona reflexionaba, deslumbrada por la vista del doblón y sintiendo en el alma una oleada tal de codicia que la sofocaba casi.

—Pero diga, mi comadre —murmuró con ahínco, apretando sus grandes dientes de caballo y echando chispas por los ojuelos—. Diga: ¿cómo hará don Custodio para ganar tantos cuartos? ¿Sabe qué se cuenta por ahí? Que mercó este año muchos lugares del marqués. Lugares de los más riquísimos. Dicen que ya tiene mercados dos mil ferrados de trigo de renta.

—¡Ay, mi comadre! ¿Y cómo quiere que no gane cuartos ese hombre que cura todos los males que el Señor inventó? Miedo da el entrar allí; pero cuando uno sale con la salud en la mano... Ascuche: ¿quién piensa que le quitó la reúma al cura de Morlán? Cinco años llevaba en la cama, baldado, imposibilitado..., y de repente un día se levanta, bueno, andando como usté y como yo. Pues, ¿qué fue? La untura que le dieron en los cuadriles, y que le costó media onza en casa de don Custodio. ¿Y el tío Gorio, el posadero de Silleda? Ese fue mismo cosa de milagro. Ya le tenían puesto los santolios, y traerle un agua blanca de don Custodio... y como si resucitara.

—¡Qué cosas hace Dios!

—¿Dios? —contestó la Jacoba—. A saber si las hace Dios o el diaño... Comadre, le pido de favor que me ha de acompañar cuando entre en la botica...

—Acompañaré.

Cotorreando así, se les hizo llevadero el camino a las dos comadres. Llegaron a Compostela a tiempo que las campanas de la catedral y de numerosas iglesias tocaban a misa, y entraron a oírla en las Ánimas, templo muy favorito de los aldeanos, y, por tanto, muy gargajoso, sucio y maloliente. De allí, atravesando la plaza llamada del pan, inundada de vendedoras de molletes y cacharros, atestada de labriegos y de caballerías, se metieron bajo los soportales, sustentados por columnas de bizantinos capiteles, y llegaron a la temerosa madriguera de don Custodio.

Bajábase a ella por dos escalones, y entre esto y que los soportales roban luz, encontrábase siempre la botica sumergida en vaga penumbra, resultado a que cooperaban también los vidrios azules, colorados y verdes, innovación entonces flamante y rara. La anaquelería ostentaba aún esos pintorescos botes que hoy se estiman como objeto de arte, y sobre los cuales se leían, en letras góticas, rótulos que parecen fórmulas de alquimia: «Rad. Polip. Q.», «Ra, Su. Eboris», «Stirac. Cala», y otros letreros de no menos siniestro cariz. En un sillón de vaqueta, reluciente ya por el uso, ante una mesa, donde un atril abierto sostenía voluminoso libro, hallábase el boticario, que leía cuando entraron las dos aldeanas, y que al verlas entrar se levantó. Parecía hombre de unos cuarenta y tantos años; era de rostro chupado, de hundidos ojos y sumidos carrillos, de barba picuda y gris, de calva primeriza y ya lustrosa, y con aureola de largas melenas, que empezaban a encanecer: una cabeza macerada y simpática de santo penitente o de doctor alemán emparedado en su laboratorio. Al plantarse delante de las dos mujeres, caía sobre su cara el reflejo de uno de los vidrios azules, y realmente se la podía tomar por efigie de escultura. No habló palabra, contentándose con mirar fijamente a las comadres. Jacoba temblaba cual si tuviese azogue en las venas y la Pepona, más atrevida, fue la que echó todo el relato del asma, y de la untura, y del compadre enfermo, y del doblón. Don Custodio asintió, inclinando gravemente la cabeza: desapareció tres minutos tras la cortina de sarga roja que ocultaba la entrada de la rebotica; volvió con un frasquito cuidadosamente lacrado; tomó el doblón, sepultólo en el cajón de la mesa, y volviendo a la Jacoba un peso duro, contentóse con decir:

—Úntele con esto el pecho por la mañana y por la noche —y sin más se volvió a su libro.

Miráronse las comadres, y salieron de la botica como alma que lleva el diablo; Jacoba, fuera ya se persignó.

Serían las tres de la tarde cuando volvieron a reunirse en la taberna, a la entrada de la carretera donde comieron un «taco» de pan y una corteza de queso duro, y echaron al cuerpo el consuelo de dos deditos de aguardiente. Luego emprendieron el retorno. La Jacoba iba alegre como unas pascuas; poseía el remedio para su hombre; había vendido bien medio ferrado de habas, y de su caro doblón un peso quedaba aún por misericordia de don Custodio. Pepona, en cambio, tenía la voz ronca y encendidos los ojos; sus cejas se juntaban más que nunca; su cuerpo, grande y tosco, se doblaba al andar, cual si le hubiesen administrado alguna soberana paliza. No bien salieron a la carretera, desahogó sus cuitas en amargos lamentos; el ladrón de don Mauricio, como si fuese sordo de nacimiento o verdugo de los infelices:

—«La renta, o salen del lugar.» ¡Comadre! Allí lloré, grité, me puse de rodillas, me arranqué los pelos, le pedí por el alma de su madre y de quien tiene en el otro mundo. Él, tieso: «La renta, o salen del lugar. El atraso de ustedes ya no viene de este año, ni es culpa de la mala cosecha... Su marido bebe, y su hijo es otro que bien baila... El señor marqués le diría lo mismo... Quemado está con ustedes... Al marqués no le gustan borrachos en sus lugares.» Yo repliquéle: «Señor, venderemos los bueyes y la vaquiña..., y luego, ¿con qué labramos? Nos venderemos por esclavos nosotros...» «La renta, les digo... y lárguese ya.» Mismo así, empurrando, empurrando..., echóme por la puerta. ¡Ay! Hace bien en cuidar a su hombre, señora Jacoba... ¡Un hombre que no bebe! A mí me ha de llevar a la sepultura aquel pellejo... Si le da por enfermarse, con medicina que yo le compre no sanará.

En tales pláticas iban entreteniendo las dos comadres el camino. Como en invierno anochece pronto, hicieron por atajar, internándose hacia el monte, entre espesos pinares. Oíase el toque del Ángelus en algún campanario distante, y la niebla, subiendo del río, empezaba a velar y confundir los objetos. Los pinos y los zarzales se esfumaban entre aquella vaguedad gris, con espectral apariencia. A las labradoras les costaba trabajo encontrar el sendero.

—Comadre —advirtió, de pronto y con inquietud, Jacoba—, por Dios le encargo que no cuente en la aldea lo del unto...

—No tenga miedo, comadre... Un pozo es mi boca.

—Porque si lo sabe el señor cura, es capaz de echarnos en misa una pauliña...

—¿Y a él qué le interesa?

—Pues como dicen que esta untura «es de lo que es»...

—¿De qué?

—¡Ave María de gracia, comadre! —susurró Jacoba, deteniéndose y bajando la voz, como si los pinos pudiesen oírla y delatarla—. ¿De veras no lo sabe? Me pasmo. Pues hoy, en el mercado, no tenían las mujeres otra cosa que decir, y las mozas primero se dejaban hacer trizas que llegarse al soportal. Yo, si entré allí, es porque de moza ya he pasado; pero vieja y todo, si usté no me acompaña, no pongo el pie en la botica. ¡La gloriosa Santa Minia nos valga!

—A fe, comadre, que no sé ni esto... Cuente, comadre, cuente... Callaré lo mismo que si muriera.

—¡Pues si no hay más de qué hablar, señora! ¡Asús querido! Estos remedios tan milagrosos, que resucitan a los difuntos, hácelos don Custodio con «unto de moza».

—¿Unto de moza...?

—De moza soltera, rojiña, que ya esté en sazón de poder casar. Con un cuchillo le saca las mantecas, y va y las derrite, y prepara los medicamentos. Dos criadas mozas tuvo, y ninguna se sabe qué fue de ella, sino que, como si la tierra se las tragase, que desaparecieron y nadie las volvió a ver. Dice que ninguna persona humana ha entrado en la trasbotica; que allí tiene una «trapela», y que muchacha que entre y pone el pie en la «trapela»..., ¡plas!, cae en un pozo muy hondo, muy hondísimo, que no se puede medir la profundidad que tiene..., y allí el boticario le arranca el unto.

Sería cosa de haberle preguntado a la Jacoba a cuántas brazas bajo tierra estaba situado el laboratorio del destripador de antaño; pero las facultades analíticas de la Pepona eran menos profundas que el pozo, y limitóse a preguntar con ansia mal definida:

—¿Y para «eso» solo sirve el unto de las mozas?

—Solo. Las viejas no valemos ni para que nos saquen el unto siquiera.

Pepona guardó silencio. La niebla era húmeda: en aquel lugar montañoso convertíase en «brétema», e imperceptible y menudísima llovizna calaba a las dos comadres, transidas de frío y ya asustadas por la oscuridad. Como se internasen en la escueta gándara que precede al lindo vallecito de Tornelos, y desde la cual ya se divisa la torre del santuario, Jacoba murmuró con apagada voz:

—Mi comadre..., ¿no es un lobo eso que por ahí va?

—¿Un lobo? —dijo, estremeciéndose, Pepona.

—Por allí..., detrás de aquellas piedras... dicen que estos días ya llevan comida mucha gente. De un rapaz de Morlán solo dejaron la cabeza y los zapatos. ¡Asús!

El susto del lobo se repitió dos o tres veces antes de que las comadres llegasen a avistar la aldea. Nada, sin embargo, confirmó sus temores, ningún lobo se les vino encima. A la puerta de la casucha de Jacoba despidiéronse, y Pepona entró sola en su miserable hogar. Lo primero con que tropezó en el umbral de la puerta fue con el cuerpo de Juan Ramón, borracho como una cuba, y al cual fue preciso levantar entre maldiciones y reniegos, llevándole en peso a la cama. A eso de medianoche, el borracho salió de su sopor, y con estropajosas palabras acertó a preguntar a su mujer qué teníamos de la renta. A esta pregunta, y a su desconsoladora contestación, siguieron reconvenciones, amenazas, blasfemias, un cuchicheo raro, acalorado, furioso. Minia, tendida sobre la paja, prestaba oído; latíale el corazón; el pecho se le oprimía; no respiraba; pero llegó un momento en que Pepona, arrojándose del lecho, le ordenó que se trasladase al otro lado de la cabaña, a la parte donde dormía el ganado. Minia cargó con su brazado de paja, y se acurrucó no lejos del establo, temblando de frío y susto. Estaba muy cansada aquel día; la ausencia de Pepona la había obligado a cuidar de todo, a hacer el caldo, a coger hierba, a lavar, a cuantos menesteres y faenas exigía la casa... Rendida de fatiga y atormentada por las singulares desazones de costumbre, por aquel desasosiego que la molestaba, aquella opresión indecible, ni acababa de venir el sueño a sus párpados ni de aquietarse su espíritu. Rezó maquinalmente, pensó en la Santa, y dijo entre sí, sin mover los labios: «Santa Minia querida, llévame pronto al Cielo; pronto, pronto...» Al fin se quedó, si no precisamente dormida, al menos en ese estado mixto propicio a las visiones, a las revelaciones psicológicas y hasta a las revoluciones físicas. Entonces le pareció, como la noche anterior, que veía la efigie de la mártir; solo que, ¡cosa rara!, no era la Santa; era ella misma, la pobre rapaza huérfana de todo amparo, quien estaba allí tendida en la urna de cristal, entre los cirios, en la iglesia. Ella tenía la corona de rosas; la dalmática de brocado verde cubría sus hombros; la palma la agarraban sus manos pálidas y frías; la herida sangrienta se abría en su propio pescuezo, y por allí se la iba la vida, dulce, insensiblemente, en oleaditas de sangre muy suaves, que al salir la dejaban tranquila, extática, venturosa... Un suspiro se escapó del pecho de la niña; puso los ojos en blanco, se estremeció..., y quedóse completamente inerte. Su última impresión confusa fue que ya había llegado al cielo, en compañía de la Patrona.

III

En aquella rebotica, donde, según los autorizados informes de Jacoba de Alberte, no entraba nunca persona humana, solía hacer tertulia a don Custodio las más noches un canónigo de la Santa Metropolitana Iglesia, compañero de estudios del farmacéutico, hombre ya maduro, sequito como un pedazo de yesca, risueño, gran tomador de tabaco. Este tal era constante amigo e íntimo confidente de don Custodio, y, a ser verdad los horrendos crímenes que al boticario atribuía el vulgo, ninguna persona más a propósito para guardar el secreto de tales abominaciones que el canónigo don Lucas Llorente, el cual era la quinta esencia del misterio y de la incomunicación con el público profano. El silencio, la reserva más absoluta tomaba en Llorente proporciones y carácter de manía. Nada dejaba transparentar de su vida, y acciones, aun las más leves e inocentes. El lema del canónigo era: «Que nadie sepa cosa alguna de ti.» Y aun añadía (en la intimidad de la trasbotica): «Todo lo que averigua la gente acerca de lo que hacemos o pensamos, lo convierte en arma nociva y mortífera. Vale más que invente que no edifique sobre el terreno que le ofrezcamos nosotros mismos.»

Por este modo de ser y por la inveterada amistad, don Custodio le tenía por confidente absoluto, y solo con él hablaba de ciertos asuntos graves, y solo de él se aconsejaba en los casos peligrosos o difíciles. Una noche en que, por señas, llovía a cántaros, tronaba y relampagueaba a trechos, encontró Llorente al boticario agitado, nervioso, semiconvulso. Al entrar el canónigo se arrojó hacia él, y tomándole las manos y arrastrándole hacia el fondo de la rebotica, donde, en vez de la pavorosa «trapela» y el pozo sin fondo, había armarios, estantes, un canapé y otros trastos igualmente inofensivos, le dijo con voz angustiosa:

—¡Ay, amigo Llorente! ¡De qué modo me pesa haber seguido en todo tiempo sus consejos de usted, dando pábulo a las hablillas de los necios! A la verdad, yo debí desde el primer día desmentir cuentos absurdos y disipar estúpidos rumores... Usted me aconsejó que no hiciese nada, absolutamente nada, para modificar la idea que concibió el vulgo de mí, gracias a mi vida retraída, a los viajes que realicé al extranjero para aprender los adelantos de mi profesión, a mi soltería y a la maldita casualidad (aquí el boticario titubeó un poco) de que dos criadas... jóvenes..., hayan tenido que marcharse secretamente de casa, sin dar cuenta al público de los motivos de su viaje...; porque..., ¿qué calabazas le importaba al público los tales motivos. Me hace usted el favor de decir? Usted me repetía siempre: «Amigo Custodio, deje correr la bola; no se empeñe nunca en desengañar a los bobos, que al fin no se desengañan, e interpretan mal los esfuerzos que se hacen para combatir sus preocupaciones. Que crean que usted fabrica sus ungüentos con grasa de difunto y que se los paguen más caros por eso, bien; dejadles, dejadles que rebuznen. Usted véndales remedios buenos, y nuevos de la farmacopea moderna, que asegura usted está muy adelantada allá en esos países estranjeros que usted visitó. Cúrense las enfermedades, y crean los imbéciles que es por arte de birlibirloque. La borricada mayor de cuantas hoy inventan y propalan los malditos liberales es esa de «ilustrar a las multitudes». ¡Buena ilustración te dé Dios! Al pueblo no puede ilustrársele. Es y será eternamente un hatajo de babiecas, una recua de jumentos. Si le presenta usted las cosas naturales y racionales, no las cree. Se pirra por lo raro, estrambótico, maravilloso e imposible. Cuanto más gorda es una rueda de molino, tanto más aprisa la comulga. Con que, amigo Custodio, usted deje de andar la procesión, y si puede, apande el estandarte... Este mundo es una danza...»

—Cierto —interrumpió el canónigo, sacando su cajita de rapé y torturando entre las yemas el polvito—; eso le debí decir; y qué, ¿tan mal le ha ido a usted con mis consejos? Yo creí que el cajón de la botica estaba de duros a reventar, y que recientemente había usted comprado unos lugares muy hermosos en Valeiro.

—¡Los compré, los compré; pero también los amargo! —exclamó el farmacéutico—. ¡Si le cuento a usted lo que me ha pasado hoy! Vaya, discurra. ¿Qué creerá usted que me ha sucedido? Por mucho que prense el entendimiento para idear la mayor barbaridad... lo que es con esta no acierta usted, ni tres como usted.

—¿Qué ha sido ello?

—¡Verá, verá! Esto es lo gordo. Entra hoy en mi botica, a la hora en que estaba completamente solo, una mujer de la aldea, que ya había venido días atrás con otra a pedirme un remedio para el asma: una mujer alta, de rostro duro, cejijunta, con la mandíbula saliente, la frente chata y los ojos como dos carbones. Un tipo imponente, créalo usted. Me dice que quiere hablarme en secreto y después de verse a solas conmigo en sitio seguro, resulta... ¡Aquí entra lo mejor! Resulta que viene a ofrecerme el unto de una muchacha, sobrina suya, casadera ya, virgen, roja, con todas las condiciones requeridas, en fin, para que el unto convenga a los remedios que yo acostumbro hacer... ¿Qué dice usted de esto, canónigo? A tal punto hemos llegado. Es por ahí cosa corriente y moliente que yo destripo a las mozas, y que con las mantecas que les saco compongo esos remedios maravillosos, ¡puf!, capaces hasta de resucitar a los difuntos. La mujer me lo aseguró. ¿Lo está usted viendo? ¿Comprende la mancha que sobre mí ha caído? Soy el terror de las aldeas, el espanto de las muchachas y el ser más aborrecible y más cochino que puede concebir la imaginación.

Un trueno lejano y profundo acompañó las últimas palabras del boticario. El canónigo se reía, frotando sus manos sequitas y meneando alegremente la cabeza. Parecía que hubiere logrado un grande y apetecido triunfo.

—Yo sí que digo: ¿lo ve usted, hombre? ¿Ve cómo son todavía más bestias, animales, cinocéfalos y mamelucos de lo que yo mismo pienso? ¿Ve cómo se les ocurre siempre la mayor barbaridad, el desatino de más grueso calibre y la burrada más supina? Basta que usted sea el hombre más sencillo, bonachón y pacífico del orbe; basta que tenga usted ese corazón blandufo, que se interese usted por las calamidades ajenas, aunque le importen un rábano; que sea usted incapaz de matar a una mosca y solo piense en sus librotes, en sus estudios, y en sus químicas, para que los grandísimos salvajes le tengan por monstruo horrible, asesino, reo de todos los crímenes y abominaciones.

—Pero ¿quién habrá inventado estas calumnias, Llorente?

—¿Quién? La estupidez universal..., forrada en la malicia universal también. La bestia del Apocalipsis..., que es el vulgo, créame, aunque San Juan no lo haya dejado muy claramente dicho.

—¡Bueno! Así será; pero yo, en lo sucesivo, no me dejo calumniar más. No quiero; no, señor. ¡Mire usted qué conflicto! ¡A poco que me descuide, una chica muerta por mi culpa! Aquella fiera, tan dispuesta a acogotarla. Figúrese usted que repetía: «La despacho y la dejo en el monte, y digo que la comieron los lobos. Andan muchos por este tiempo del año, y verá cómo es cierto, que al día siguiente aparece comida.» ¡Ay canónigo! ¡Si usted viese el trabajo que me costó convencer a aquella caballería mayor de que ni yo saco el unto a nadie ni he soñado en tal! Por más que la repetía: «Eso es una animalada que corre por ahí, una infamia, una atrocidad, un desatino, una picardía; y como yo averigüe quién es el que lo propala, a ese sí que le destripo», la mujer firme como un poste, y erre que erre, «señor, dos onzas nada más... Todo calladito, todo calladito..., en dos onzas, tiene los untos. Otra proporción tan buena no la encuentra nunca.» ¡Qué víbora malvada! Las furias del infierno deben de tener una cara así... Le digo a usted que me costó un triunfo persuadirla. No quería irse. A poco la echo con un garrote.

—¡Y ojalá que la haya usted persuadido! —articuló el canónigo, repentinamente preocupado y agitado, dando vueltas a la tabaquera entre los dedos—. Me temo que ha hecho usted un pan como unas hostias. ¡Ay Custodio! La ha errado usted. Ahora sí que juro yo que la ha errado.

—¿Qué dice usted, hombre, o canónigo, o demonio? —exclamó el boticario, saltando en su asiento alarmadísimo.

—Que la ha errado usted. Nada, que ha hecho una tontería de marca mayor por figurarse, como siempre, que en esos brutos cabe una chispa de razón natural, y que es lícito o conducente para algo el decirles la verdad y argüirles con ella y alumbrarlos con las luces del intelecto. A tales horas, probablemente la chica está en la gloria, tan difunta como mi abuela... mañana por la mañana, o pasado le traen el unto envuelto en un trapo... ¡Ya lo verá!

—Calle, calle... No puedo oír eso. Eso no cabe en cabeza humana... ¿Yo qué debí hacer? ¡Por Dios, no me vuelva loco!

—¿Que qué debió hacer? Pues lo contrario de lo razonable, lo contrario de lo verdadero, lo contrario de lo que haría usted conmigo o con cualquiera otra persona capaz de sacramentos, y aunque quizá tan mala como el populacho, algo menos bestia... Decirles que sí, que usted compraba el unto en dos onzas, o en tres, o en ciento...

—Pero entonces...

—Aguarde, déjeme acabar... Pero que el unto sacado por ellos de nada servía. Que usted en persona tenía que hacer la operación y por consiguiente, que le trajesen a la muchachita sanita y fresca... Y cuando la tuviese segura en su poder, ya echaríamos mano de la Justicia para prender y castigar a los malvados... ¿Pues no ve usted claramente que esa es una criatura de la cual se quieren deshacer, que les estorba, o porque es una boca más o porque tiene algo y ansían heredarla? ¿No se le ha ocurrido que una atrocidad así se decide en un día, pero se prepara y fermenta en la conciencia a veces largos años? La chica está sentenciada a muerte. Nada; crea usted que a estar horas...

Y el canónigo blandió la tabaquera, haciendo el expresivo ademán del que acogota.

—¡Canónigo, usted acabará conmigo! ¿Quién duerme ya esta noche? Ahora mismo ensillo la yegua y me largo a Tornelos...

Un trueno más cercano y espantoso contestó al boticario que su resolución era impracticable. El viento mugió y la lluvia se desencadenó furiosa, aporreando los vidrios.

—¿Y usted afirma —preguntó con abatimiento don Custodio— que serán capaces de tal iniquidad?

—De todas. Y de inventar muchísimas que aún no se conocen. ¡La ignorancia es invencible, y es hermana del crimen!

—Pues usted —arguyó el boticario— bien aboga por la perpetuidad de la ignorancia.

—¡Ay amigo mío! —respondió el oscurantista—. ¡La ignorancia es un mal. Pero el mal es necesario y eterno, de tejas abajo, en este pícaro mundo! Ni del mal ni de la muerte conseguiremos jamás vernos libres.

¡Qué noche pasó el honrado boticario tenido, en concepto del pueblo, por el monstruo más espantable y a quien tal vez dos siglos antes hubiesen procesado acusándole de brujería!

Al amanecer echó la silla a la yegua blanca que montaba en sus excursiones al campo y tomó el camino de Tornelos. El molino debía de servirle de seña para encontrar presto lo que buscaba.

El Sol empezaba a subir por el cielo, que después de la tormenta se mostraba despejado y sin nubes, de una limpidez radiante. La lluvia que cubría las hierbas se empapaban ya, y secábase el llanto derramado sobre los zarzales por la noche. El aire diáfano y transparente, no excesivamente frío, empezaba a impregnarse de olores ligeros que exhalaban los mojados pinos. Una pega, manchada de negro y blanco, saltó casi a los pies del caballo de don Custodio. Una liebre salió de entre los matorrales, y loca de miedo, graciosa y brincadora, pasó por delante del boticario.

Todo anunciaba uno de esos días espléndidos de invierno que en Galicia suelen seguir a las noches tempestuosas y que tienen incomparable placidez, y el boticario, penetrado por aquella alegría del ambiente, comenzaba a creer que todo lo de la víspera era un delirio, una pesadilla trágica o una extravagancia de su amigo. ¿Cómo podía nadie asesinar a nadie, y así, de un modo tan bárbaro e inhumano? Locuras, insensateces, figuraciones del canónigo. ¡Bah! En el molino, a tales horas, de fijo que estarían preparándose a moler el grano. Del santuario de Santa Minia venía, conducido por la brisa, el argentino toque de la campana, que convocaba a la misa primera. Todo era paz, amor y serena dulzura en el campo...

Don Custodio se sintió feliz y alborozado como un chiquillo, y sus pensamientos cambiaron de rumbo. Si la rapaza de los untos era bonita y humilde... se la llevaría consigo a su casa, redimiéndola de la triste esclavitud y del peligro y abandono en que vivía. Y si resultaba buena, leal, sencilla, modesta, no como aquellas dos locas, que la una se había escapado a Zamora con un sargento, y la otra andado en malos pasos con un estudiante, para que al fin resultara lo que resultó y la obligó a esconderse... Si la molinerita no era así, y al contrario, realizaba un suave tipo soñado alguna vez por el empedernido solterón..., entonces, ¿quién sabe, Custodio? Aún no eres tan viejo que...

Embelesado con estos pensamientos, dejó la rienda a la yegua..., y no reparó que iba metiéndose monte adentro, monte adentro, por lo más intrincado y áspero de él. Notólo cuando ya llevaba andado buen trecho del camino. Volvió grupas y lo desanduvo; pero con poca fortuna, pues hubo de extraviarse más, encontrándose en un sitio riscoso y salvaje. Oprimía su corazón, sin saber por qué, extraña angustia.

De repente, allí mismo, bajo los rayos del Sol, del alegre, hermoso, que reconcilia a los humanos consigo mismos y con la existencia, divisó un bulto, un cuerpo muerto, el de una muchacha... Su doblada cabeza descubría la tremenda herida del cuello. Un «mantelo» tosco cubría la mutilación de las despedazadas y puras entrañas; sangre alrededor, desleída ya por la lluvia, las hierbas y malezas pisoteadas, y en torno, el gran silencio de los altos montes y de los solitarios pinares...

IV

A Pepona la ahorcaron en La Coruña. Juan Ramón fue sentenciado a presidio. Pero la intervención del boticario en este drama jurídico bastó para que el vulgo le creyese más destripador que antes, y destripador que tenía la habilidad de hacer que pagasen justos por pecadores, acusando a otros de sus propios atentados. Por fortuna, no hubo entonces en Compostela ninguna jarana popular; de lo contrario, es fácil que le pegasen fuego a la botica, lo cual haría frotarse las manos al canónigo Llorente, que veía confirmadas sus doctrinas acerca de la estupidez universal e irremediable.

La España Moderna, enero 1890.

«La Mayorazga» de Bouzas

No pecaré de tan minuciosa y diligente que fije con exactitud el punto donde pasaron estos sucesos. Baste a los aficionados a la topografía novelesca saber que Bouzas lo mismo puede situarse en los límites de la pintoresca región berciana, que hacia las profundidades y quebraduras del Barco de Valdeorras, enclavadas entre la sierra de la Encina y la sierra del Ege. Bouzas, moralmente, pertenece a la Galicia primitiva, la bella, la que hace veinte años estaba todavía por descubrir.

¿Quién no ha visto allí a la Mayorazga? ¿Quién no la conoce desde que era así de chiquita, y empericotada sobre el carro de maíz regresaba a su pazo solariego en las calurosas tardes del verano?

Ya más crecida, solía corretear, cabalgando un rocín en pelo, sin otros arreos que la cabeza de cuerda. Parecía de una pieza con el jaco. Para montar se agarraba a las toscas crines o apoyaba la mano derecha en el anca, y de un salto, ¡pim!, arriba. Antes había cortado con su navajilla la vara de avellano o taray, y blandiéndola a las inquietas orejas del «facatrús», iba como el viento por los despeñaderos que guarnecen la margen del río Sil.

Cuando la Mayorazga fue mujer hecha y derecha, su padre hizo el viaje a la clásica feria de Monterroso, que convoca a todos los «sportsmen» rurales, y ferió para la muchacha una yegua muy cuca, de cuatro sobre la marca, vivaracha, torda, recastada de andaluza (como que era prole del semental del Gobierno). Completaba el regalo rico albardón y bocado de plata; pero la Mayorazga, dejándose de chiquitas, encajó a su montura un galápago (pues de sillas inglesas no hay noticia en Bouzas), y sin necesidad de picador que la enseñase, ni de corneta que le sujetase el muslo, rigió su jaca con destreza y gallardía de centauresa fabulosa.

Sospecho que si llegase a Bouzas impensadamente algún honrado burgués madrileño, y viese a aquella mocetona sola y a caballo por breñas y bosques, diría con sentenciosa gravedad que don Remigio Padornín de las Bouzas criaba a su hija única hecha un marimacho.

Y quisiera yo ver el gesto de una institutriz sajona ante las inconveniencias que la Mayorazga se permitía. Cuando le molestaba la sed, apeábase tranquilamente a la puerta de una taberna del camino real y le servían un tanque de vino puro. A veces se divertía en probar fuerzas con los gananes y mozos de labranza, y a alguno dobló el pulso o tumbó por tierra. No era desusado que ayudase a cargar el carro de tojo, ni que arase con la mejor yunta de bueyes de su establo. En las siegas, deshojas, romerías y fiestas patronales, bailaba como una peonza con sus propios jornaleros y colonos sacando a los que prefería, según costumbre de las reinas, y prefiriendo a los mejor formados y más ágiles.

No obstante, primero se verían manchas en el cielo que sombras en la ruda virtud de la Mayorazga. No tenía otro código de moral sino el Catecismo, aprendido en la niñez. Pero le bastaba para regular el uso de su salvaje libertad.

Católica a machamartillo, oía su misa diaria en verano como en invierno, guiaba por las tardes el rosario, daba cuanta limosna podía. Su democrática familiaridad con los labriegos procedía de un instinto de régimen patriarcal, en que iba envuelta la idea de pertenecer a otra raza superior, y precisamente en la convicción de que aquellas gentes «no eran como ella», consistía el toque de la llaneza con que las trataba, hasta el extremo de sentarse a su mesa un día sí y otro también, dando ejemplo de frugalidad, viviendo de caldo de pote y pan de maíz o centeno.

Al padre se le caía la baba con aquella hija activa y resuelta. Él era hombre bonachón y sedentario, que entró a heredar el vínculo de Bouzas por la trágica muerte de su hermano mayor, el cual, en la primera guerra civil, había levantado una partidilla, vagando por el contorno bajo el alias guerrero de Señorito de Padornín, hasta que un día le pilló la tropa y le arrojó al río, después de envainarle tres bayonetas en el cuerpo. Don Remigio, el segundón, hizo como el gato escaldado: nunca quiso abrir un periódico, opinar sobre nada, ni siquiera mezclarse en elecciones. Pasó la vida descuidada y apacible, jugando al tute con el veterinario y el cura.

Frisaría la Mayorazga en los veintidós cuando su padre notó que se desmejoraba, que tenía oscuras las ojeras y mazados los párpados, que salía menos con la yegua y que se quedaba pensativa sin causa alguna.

«Hay que casar a la rapaza», discurrió sabiamente el viejo.

Y acordándose de cierto hidalgo, antaño muy amigo suyo, Balboa de Fonsagrada, favorecido por la Providencia con numerosa y masculina prole, le dirigió una misiva, proponiéndole un enlace. La respuesta fue que no tardaría en presentarse en las Bouzas el segundón de Balboa, recién licenciado en la Facultad de Derecho de Santiago, porque el mayor no podía abandonar la casa y el más joven estaba desposado ya.

Y, en efecto, de allí a tres semanas —el tiempo que se tardó en hacerle seis mudas de ropa blanca y marcarle doce pañuelos— llegó Camilo Balboa, lindo mozo afinado por la vida universitaria, algo anemiado por la mala alimentación de las casas de huéspedes y las travesuras de estudiante. A las dos horas de haberse apeado de un flaco jamelgo el señorito de Balboa, la boda quedó tratada.

Físicamente, los novios ofrecían extraño contraste, cual si la naturaleza al formarlos hubiese trastocado las cualidades propias de cada sexo. La Mayorazga, fornida, alta de pechos y de ademán brioso, con carrillos de manzana sanjuanera, dedada de bozo en el labio superior, dientes recios, manos duras, complexión sanguínea y expresión franca y enérgica. Balboa, delgado, pálido, rubio, fino de facciones, bromista, insinuante, nerviosillo, necesitado al parecer de mimo y protección.

¿Fue esta misma disparidad la que encendió en el pecho de la Mayorazga tan violento amor que si la ceremonia nupcial tarda un poco en realizarse, la novia, de fijo, enferma gravemente? ¿O fue solo que la fruta estaba madura, que Camilo Balboa llegó a tiempo? El caso es que no se ha visto tan rendida mujer desde que hay en el mundo valle de Bouzas. No enfrió esta ternura la vida conyugal; solamente la encauzó, haciéndola serena y firme. La Mayorazga rabiaba por un muñeco, y como el muñeco nunca acababa de venir, la doble corriente de amor confluía en el esposo. Para él los cuidados y monadas, las golosinas y refinamientos, los buenos puros, el café, el coñac, traído de la isla de Cuba por los capitanes de barco, la ropa cara, encargada a Lugo.

Hecha a vivir con una taza de caldo de legumbres, la Mayorazga andaba pidiendo recetas de dulces a las monjas. Capaz de dormir sobre una piedra, compraba pluma de la mejor, y cada mes mullía los colchones y las almohadas del tálamo. Al ver que Camilo se robustecía y engruesaba y echaba una hermosa barba castaño oscuro, la Mayorazga sonreía, calculando allá en sus adentros:

«Para el tiempo de la vendimia tenemos muñequiño.»

Mas el tiempo de la vendimia pasó, y el de la sementera también, y aquel en que florecen los manzanos, y el muñeco no quiso bajar a la tierra a sufrir desazones. En cambio, don Remigio se empeñó en probar mejor vida, y ayudado de un cólico miserere, sin que bastase a su remedio una bala de grueso calibre que le hicieron tragar a fin de que le devanase la enredada madeja de los intestinos, dejó este valle de lágrimas, y a su hija dueña de las Bouzas.

No cogió de nuevas a la Mayorazga el verse al frente de la hacienda, dirigiendo faenas agrícolas, cobranza de rentas y tráfagos de la casa. Hacía tiempo que todo corría a su cargo. El padre no se metía en nada; el marido, indolente para los negocios prácticos, no la ayudaba mucho. En cambio, tenía cierto factótum, adicto como un perro y exacto como una máquina, en su hermano de leche, Amaro, que desempeñaba en las Bouzas uno de esos oficios indefinibles, mixtos de mayordomo y aperador.

A pesar de haber mamado una leche misma, en nada se parecían Amaro y la señorita de Bouzas, pues el labriego era desmedrado, flacucho y torvo, acrecentando sus malas trazas el áspero cabello que llevaba en fleco sobre la frente y en greñas a los lados, cual los villanos feudales.

A despecho de las intimidades de la niñez, Amaro trataba a la Mayorazga con el respeto más profundo, llamándola siempre «señora mi ama».

Poco después de morir don Remigio, los acontecimientos revolucionarios se encresparon de mala manera, y hasta el valle de Bouzas llegó el oleaje, traduciéndose en agitación carlista. Como si el espectro del tío cosido a bayonetazos se le hubiese aparecido al anochecer entre las nieblas del Sil demandando venganza, la Mayorazga sintió hervir en las venas su sangre facciosa, y se dio a conspirar con un celo y brío del todo vendeanos.

Otra vez se la encontró por andurriales y montes, al rápido trote de su yegua, luciendo en el pecho un alfiler que por el reverso tenía el retrato de don Carlos y por el anverso el de Pío IX.

Hubo aquello de coser cintos y mochilas, armar cartucheras, recortar corazones de franela colorada para hacer «deténtes», limpiar fusiles de chispa comidos por el orín, pasarse la tarde en la herrería viendo remendar una tercerola, requisar cuanto jamelgo se encontraba a mano, bordar secretamente el estandarte.

Al principio, Camilo Balboa no quiso asociarse a los trajines en que andaba su mujer, y echándoselas de escéptico, de tibio, de alfonsino prudente, prodigó consejos de retraimiento o lo metió todo a broma, con guasa de estudiante, sentado a la mesa del café, entre el dominó y la copita de coñac. De la noche a la mañana, sin transición, se encendió en entusiasmo y comenzó a rivalizar con la Mayorazga, reclamando su parte de trabajo, ofreciéndose a recorrer el valle, mientras ella, escoltada por Amaro, trepaba a los picos de la sierra. Hízose así, y Camilo tomó tan a pechos el oficio de conspirador, que faltaba de casa días enteros, y por las mañanas solía pedir a la Mayorazga «cuartos para pólvora..., cuartos para unas escopetas que descubrí en tal o cual sitio». Volvía con la bolsa huera, afirmando que el armamento quedaba «segurito», muy preparado para la hora solemne.

Cierta tarde, después de una comida jeronimil, pues la Mayorazga, por más ocupada que anduviese, no desatendía el estómago de su marido —¡no faltaría otra cosa!—, Camilo se puso la zamarra de terciopelo, mandó ensillar su potro montañés, peludo y vivo como un caballo de las estepas, y se despidió diciendo a medias palabras:

—Voyme donde los Resende... Si no despachamos pronto, puede dar que me quede a dormir allí... No asustarse si no vuelvo. De aquí al pazo de Resende aún hay una buena tiradita.

El pazo de Resende, madriguera de hidalgos cazadores, estaba convertido en una especie de arsenal o maestranza, en que se fabrican municiones, se «desenferruxaban» armas blancas y de fuego y hasta se habilitaban viejos albardones, disfrazándolos de silla de montar. La Mayorazga se hizo cargo del importante objeto de la expedición; con todo, una sombra veló sus pupilas por ser la primera vez que Camilo dormiría fuera del lecho conyugal desde la boda. Se cercioró de que su marido iba bien abrigado, llevaba las pistolas en el arzón y al cinto un revólver —«por lo que pueda saltar»—, y bajó a despedirle en la portalada misma. Después llamó a Amaro y mandó arrear las bestias, porque aquella tarde «cumplía» ver al cura de Burón, uno de los organizadores del futuro ejército real.

Sin necesidad de blandir el látigo, hizo la Mayorazga tomar a su yegua animado trote, mientras el rocín de Amaro, rijoso y emberrenchinado como una fiera, galopaba delante, a trancos desiguales y furibundos. Ama y escudero callaban; él taciturno y zaino más que de costumbre; ella, un poco melancólica, pensando en la noche de soledad. Iban descendiendo un sendero pedregoso, a trechos encharcados por las extravasaciones del Sil —sendero que después, torciendo entre heredades, se dirige como una flecha a la rectoral de Burón—, cuando el rocín de Amaro, enderezando las orejas, pegó tal huida, que a poco da con su jinete en el río, y por cima de un grupo de sauces, la Mayorazga vio asomar los tricornios de la Guardia Civil.

Nada tenía de alarmante el encuentro, pues todos los guardias de las cercanías eran amigos de la casa de Bouzas, donde hallaban prevenido el jarro de mosto, la cazuela de bacalao con patatas; en caso de necesidad, la cama limpia, y siempre la buena acogida y el trato humano; así fue que, al avistar a la Mayorazga el sargento que mandaba el pelotón, se descubrió atentamente murmurando: «Felices tardes nos dé Dios, señorita.» Pero ella, con repentina inspiración, le aisló y acorraló en el recodo del sendero y, muy bajito y con una llaneza imperiosa, preguntóle:

—¿Adónde van, Piñeiro, diga?

—Señorita, no me descubra, por el alma de su papá que está en gloria... A Resende, señorita, a Resende... Dicen que hay fábrica de armas y facciosos escondidos, y el diablo y su madre... A veces un hombre obra contra su propio corazón, señorita, por acatar aquello que uno no tiene más remedio que acatar... La Virgen quiera que no haya nada...

—No habrá nada, Piñeiro... Mentiras que se inventan... Ande ya, y Dios se lo pague.

—Señorita, no me descu...

—Ni la tierra lo sabrá. Abur, memorias a la parienta, Piñeiro.

Aún se veía brillar entre los sauces el hule de los capotes y ya la Mayorazga llamaba apresuradamente:

—Amaro.

—Señora mi ama.

—Ven, hombre.

—No puedo allegarme... Si llego el caballo a la yegua, tenemos música.

—Pues bájate, papamoscas.

Dejando su jaco atado a un tronco, Amaro se acercó:

—Montas otra vez... Corres más que el aire... Rodea, que no te vean los civiles... A Resende, a avisar al señorito que allá va la Guardia para registrar el pazo. Que entierren las armas, que escondan la pólvora y los cartuchos... Mi marido que ataje por la Illosa y que se venga a casa enseguida. ¿Aún no montaste?

Inmóvil, arrugando el entrecejo, rascándose la oreja por junto a la sien, clavando en tierra la vista, Amaro no daba más señales de menearse que si fuese hecho de piedra.

—A ver..., contesta... ¿Que embuchado traes, Amaro? ¿Tú hablas o no hablas, o me largo yo a Resende en persona?

Amaro no alzó los ojos, ni hizo más movimiento que subir la mano de la sien a la frente, revolviendo las guedejas. Pero entreabrió los labios y, dando primero un suspiro, tartamudeó con oscura voz y pronunciación dificultosa.

—Si es por avisar a los señoritos de Resende, un suponer, bueno; voy, que pronto se llega... Si es por el señorito de casa, un suponer, señora mi ama, será excusado... El señorito no «va» en Resende.

—¿Que no está en Resende mi marido?

—No, señora mi ama, con perdón. En Resende, no, señora.

—¿Pues dónde está?

—Estar... Estar, estará donde va cuantos días Dios echa al mundo.

La Mayorazga se tambaleó en su galápago, soltando las riendas de la yegua, que resopló sorprendida y deseosa de correr.

—¿A dónde va todos los días?

—Todos los días.

—Pero ¿a dónde? ¿A dónde? Si no lo vomitas pronto, más te valiera no haber nacido.

—Señora ama... —Amaro hablaba precipitadamente, a borbotones, como sale el agua de una botella puesta boca abajo—. Señora ama..., el señorito... En los Carballos..., quiere decir..., hay una costurera bonita que iba a coser al pazo de Resende...; ya no va nunca...; el señorito le da dinero...; son ella y una tía carnal, que viven juntas...; andan ella y el señorito por el monte a las veces...; en la feria de Illosa el señorito le mercó unos aretes de oro...; la trae muy maja... La llama la flor de la maravilla, porque cuándo se pone a morir, y cuándo aparece sana y buena, cantando y bailando... Estará loca, un suponer...

Oía la Mayorazga sin pestañear. La palidez daba a su cutis moreno tonos arcillosos. Maquinalmente recogió las riendas y halagó el cuello de la jaca, mientras se mordía el labio inferior, como las personas que aguantan y reprimen algún dolor muy vivo. Por último, articuló sorda y tranquilamente:

—Amaro, no mientas.

—Tan cierto como que nos hemos de morir. Aún permita Dios que venga un rayo y me parta, si cuento una cosa por otra.

—Bueno, basta. El señorito avisó que hoy dormiría en Resende. ¿Se quedará de noche con... ésa?

Amaro dijo «que sí» con una mirada oblicua, y la Mayorazga meditó contados instantes. Su natural resuelto abrevió aquel momento de indecisión y lucha.

—Oye: tú te largas a Resende a avisar, volando; has de llegar con tiempo para que escondan las armas. Del señorito no dices, allí..., ni esto. Vuelves, y me encuentras una hora antes de romper el día, junto al Soto de los Carballos, como se va a la fuente del Raposo. Anda ya.

Amaro silbó a su jaco, sacó del bolsillo la navaja de picar tagarninas y, azuzándole suavemente con ella, salió al galope. Mucho antes que los civiles llegó a Resende, y el sargento Piñeiro tuvo el gusto de no hallar otras armas en el pazo sino un asador de cocina y las escopetas de caza de los señoritos, en la sala, arrimadas a un rincón.

Aún no se oían en el bosque esos primeros susurros del follaje y píos de pájaros que anuncian la proximidad del amanecer, cuando Amaro se unía en los Carballos con su ama, ocultándose al punto los dos tras un grupo de robles, a cuyos troncos ataron las cabalgaduras.

En silencio esperarían cosa de hora y media. La luz blanquecina del alba se derramaba por el paisaje, y el Sol empezaba a desgarrar el toldo de niebla del río, cuando dos figuras humanas, un hombre joven y apuesto y una mocita esbelta, reidora, fresca como la madrugada y soñolienta todavía se despidieron tiernamente a poca distancia del robledal. El hombre, que llevaba del diestro un caballo, lo montó y salió al trote largo, como quien tiene prisa. La muchacha, después de seguirle con los ojos, se desperezó y se tocó un pañuelo azul, pues estaba en cabello, con dos largas trenzas colgantes. Por aquellas trenzas la agarró Amaro, tapándole la boca con el pañuelo mismo, mientras decía con voz amenazadora:

—Si chistas, te mato. Aquí llegó la hora de tu muerte. ¡Hala!, anda para avante. Subieron algún tiempo monte arriba; la Mayorazga delante, detrás Amaro, sofocando los chillidos de la muchacha, llevándola en vilo y sujetándola los brazos. A la verdad, la costurerita hacía débil, aunque rabiosa resistencia; su cuerpecito gentil, pero endeble, no le pesaba nada a Amaro, y únicamente le apretaba las quijadas para que no mordiese y las muñecas para que no arañase. Iba lívida como una difunta, y así que se vio bastante lejos de su casa, entre las carrascas del monte, paró de retorcerse y empezó a implorar misericordia.

Habrían andado cosa de un cuarto de legua, y se encontraban en una loma desierta y bravía, limitada por negros peñascales, a cuyos pies rodaba mudamente el Sil. Entonces la Mayorazga se volvió, se detuvo y contempló a su rival un instante. La costurera tenía una de esas caritas finas y menudas que los aldeanos llaman caras de Virgen y parecen modeladas en cera, a la sazón mucho más, a causa de su extremada palidez. No obstante, al caer sobre ella la mirada ofendida de la esposa, los nervios de la muchacha se crisparon y sus pupilas destellaron una chispa de odio triunfante, como si dijesen: «Puedes matarme; pero hace media hora tu marido descansaba en mis brazos.» Con aquella chispa sombría se confundió un reflejo de oro, un fulgor que el Sol naciente arrancó de la oreja menudita y nacarada: eran los pendientes, obsequio de Camilo Balboa. La Mayorazga preguntó en voz ronca y grave:

—¿Fue mi marido quien te regaló esos aretes?

—Sí —respondieron los ojos de víbora.

—Pues yo te corto las orejas —sentenció la Mayorzga, extendiendo la mano.

Y Amaro, que no era manco ni sordo, sacó su navajilla corta, la abrió con los dientes, la esgrimió... Oyóse un aullido largo, pavoroso, de agonía; luego, otro y sordos gemidos.

—¿La tiro al Sil? —preguntó el hermano de leche, levantando en brazos a la víctima, desmayada y cubierta de sangre.

—No. Déjala ahí ya. Vamos pronto a donde quedaron las caballerías.

—Si mi potro acierta a soltarse y se arrima a la yegua..., la hicimos, señora ama.

Y bajaron por el monte sin volver la vista atrás.

....

De la costurera bonita se sabe que no apareció nunca en público sin llevar el pañuelo muy llegado a la cara. De la Mayorazga, que al otro año tuvo muñeco. De Camilo Balboa, que no le jugó más picardías a su mujer, o, si se las jugó, supo disimularlas hábilmente. Y de la partida aquella que se preparaba en Resente, que sus hazañas no pasaron a la historia.

La Revista de España, núm. 485, 1886.

Madre gallega

Era el tiempo en que las víboras de la discordia, agasajadas en el cruento seno de la guerra civil, bullían en cada pueblo, en cada hogar tal vez. El negro encono, el odio lívido, la encendida saña encarnando en el cuerpo de aquellas horribles sierpes, relajaban los vínculos de la familia, separaban a los hermanos y les sembraban en el alma instintos fratricidas. Hoy nos cuesta trabajo comprender aquel estado de exasperación violenta, y quizá cuando la Historia, con voz serena y grave, narra escenas de tan luctuosos días, la acusamos de recargar el cuadro, sin ver que las mayores tragedias son precisamente las que suelen quedar ocultas...

Sin embargo, en algunas provincias españolas andaba más adormecida y apagada la pasión política, y una de éstas era el jardín de Galicia, Pontevedra la risueña y encantadora. En ella nació y se crió Luis María, y en el seminario de Orense estudió Teología y Moral, para ordenarse. Era hijo único de un pobre matrimonio; el padre, aragonés, vendedor ambulante de mantas y pañuelos de seda; la madre, aldeana, nacida cerca de Poyo, en las inmediaciones de la bella Helenes, mujer tan sencilla que ni sabía leer ni aún coser, pues se ganaba la vida con una rueca y un telar casero informe y primitivo si los hubo. Luis María salió aplicado, devoto, dulce, formal, gran ayudador de misas y despabilador de velas, y desde muy pequeño declaró que soñaba con cantar misa. La madre instigó al padre a fin de que implorase de cierto opulento y caritativo señor aragonés, don Ramón de Bolea, dinero para costear la carrera del muchacho; y tan bien cayó la súplica, que el señor no solo costeó la carrera sino que, al ordenarse Luis María, le apadrinó, y poco después, muerto el padre del misacantano, el generoso protector llamó al joven para que fuese su capellán. Ejerció este cargo dos años el presbítero con gran satisfacción de su patrono, y como vacase el curato parroquial del pueblo, presentación de la mitra, el mismo don Ramón de Bolea lo solicitó y obtuvo para su ahijado, pues nada negaba el obispo de Teruel al pudiente señor.

Al verse investido con la cura de almas, dueño de lo que cabía llamar una «posición», Luis María se acordó, ante todo, de su madre, que vegetaba solita allá en su aldea, tascando, hilando y tejiendo lino. Realizó el viaje, entonces largo y penoso, y no se volvió a su parroquia sin la viejecita, que por humildad y abnegación empezó negándose a acompañarle. Fue preciso que el hijo demostrase a la madre cuánto la necesitaba para gobernar las haciendas de la casa, para poner la olla al fuego y para que no le murmurasen si tomaba a su servicio una moza. Al fin la anciana se dejó convencer, y siguió al hijo, en el fondo del alma loca de gozo y de orgullo.

Estableciéronse en el pueblo, deseosos de vivir tranquilos y arrimados el uno al otro, como aves en su nido humilde. Así que empezaron a enardecerse las luchas civiles, Luis María hizo especial estudio en abstraerse y apartarse de ellas. Terror y repulsión le causaban las escenas de crueldad y barbarie, los apaleamientos de «cristinos» y de «faiciosos», las coplas desvergonzadas e insultantes que de zaguán a zaguán se disparaban las muchachas de opuestos bandos, las noticias de encuentros en que perecían tantos infelices, los degüellos de religiosos que habían ensangrentado las gradas del altar mismo. Sentía el párroco que ni aun por espíritu de clase podía vencer su repugnancia a tales salvajadas y horrores; había salido a su madre: tímido, manso, indiferente en política, accesible solo a la piedad y a la ternura; gallego, no aragonés, cristiano, pero no carlista. «Bienaventurados los pacíficos», solía repetir tristemente cuando oía alguna noticia espantable, el incendio de una villa, el sacrificio de unos prisioneros arcabuceados en represalias.

Es peculiar de estas épocas agitadas y febriles que nadie, por más que lo desee, pueda mantenerse neutral. En el pueblo, de los más divididos y engrescados de todo Aragón, no se le consentía al cura no tener opiniones. Dos circunstancias hicieron que la voz pública afiliase a Luis María entre los adictos al Pretendiente: la primera, que cumplía con fervor sus deberes, que era casto, mortificado, prudente en palabras y pacato en obras; la segunda, el de ser protegido, ahijado, capellán, hechura, en fin, de aquel don Ramón de Bolea, antaño el principal señorón del pueblo, hoy jefe de una partida facciosa. La gente aragonesa, ruda y lógica, que identifica el agradecimiento con la adhesión, contó, pues, a Luis María entre los «serviles»; pero no entre los declarados y francos, sino entre los solapados y vergonzantes, mil veces más aborrecidos. Y por los muchos «cristinos» de pelo en pecho que el pueblo albergaba, el cura fue mal mirado; se le atribuyeron inteligencias ocultas y confidencias y delaciones hechas a don Ramón de Bolea, cuya tropa rondaba a pocas leguas de allí, deseosa de ajustar cuentas a los «nacionales».

Luis María sintió la hostilidad en la atmósfera, y se encogió y retrajo cada vez más, pues era de los que no combaten ni en legítima defensa. Su ardor místico, ya intenso, se acrecentó, y cuanto más ascético y macilento le veían sus enemigos, más le creían entregado a conspirar para el triunfo del absolutismo y de los serviles. El odio del pueblo empezaba a traducirse en hechos: cada vez que la madre del párroco salía a la compra era denostada y llamada facciosa en voz en grito por las baturras; delante de sus ventanas se situaban grupos vociferando canciones patrióticas. Una tarde de día de fiesta, al volver los mozos rasgueando la guitarra y echando coplas con alusiones que levantaban ampolla, mano atrevida disparó una piedra que fue a estrellar un vidrio de la rectoral. La madre lloró silenciosamente al cerrar las maderas, mientras Luis María, arrodillado ante la imagen de Nuestra señora, rezaba, sin volver la cabeza, sordo al choque de los cantos rodados, que seguían haciendo añicos los cristales.

Pocos días después difundióse por el pueblo la tremenda noticia de que Bolea había cogido a dos vecinos, «nacionales» exaltados y reos de apaleamiento de serviles, y los había arcabuceado contra una tapia; y al regresar del mercado, al día siguiente, encogida y recelosa, la madre del cura oyó a su paso, no ya injurias, pullas y cantaletas, sino amenazas siniestras, anuncios que daban frío en el tuétano. Temblando se encerró en su casa la infeliz, y allí encontró a Luis María en oración, pidiendo a Dios que perdonase a su protector Bolea la sangre derramada.

Cenaron madre e hijo, pálidos y mudos, abatidos, disimulando, y cuando se disponían a acostarse resonó en la calle gran estrépito y fuertes aldabonazos en la puerta. Corrió la madre a preguntar, sin atreverse a abrir, qué se ofrecía, y una voz bronca y mofadora respondió:

—Que se asome el cura y le diremos el nombre de un feligrés que está acabado y pide confesión.

Oír esto Luis María y lanzarse a la ventana fue todo uno; pero su madre, acaso por primera vez en su vida, se interpuso resuelta, le paró, agarrándole de la muñeca con inusitado vigor, con toda su fuerza aldeana, centuplicada por la angustia, y desviándole bruscamente se apoderó de la falleba.

—Tú no te asomes —ordenó en voz imperiosa, una voz diferente de la mansa y acariciadora voz con que siempre hablaba a su hijo—. Apártate... quitaday... Me asomo yo, no te apures.

Y antes de que Luis María pudiera oponerse, apagando de un soplo el velón para no ser reconocida, abrió la ventana con ímpetu, sacó el busto fuera...

El bárbaro que ya tenía apuntada la escopeta, disparó, y la madre, con el pecho atravesado, se desplomó hacia adentro, en brazos del hijo por quien aceptaba la muerte.

Blanco y Negro, núm. 263, 1896.

Nieto del Cid

El anciano cura del santuario de San Clemente de Boán cenaba sosegadamente sentado a la mesa, en un rincón de su ancha cocina. La luz del triple mechero del velón señalaba las acentuadas líneas del rostro del párroco, las espesas cejas canas, el cráneo tonsurado, pero revestido aún de blancos mechones: la piel roja, sanguínea, que en robustos dobleces rebosaba el alzacuello.

Ocupaba el cura la cabecera de la mesa; en el centro, su sobrino, guapo mozo de veintidós años, despachaba con buen apetito la ración; y al extremo, el criado de labranza, arremangada hasta el codo la burda camisa de estopa, hundía la cuchara de palo en un enorme tazón de caldo humeante y lo trasegaba silenciosamente al estómago.

Servía a todos una moza aldeana, que aprovechaba la ocasión de meter también la cuchara ya que no en los platos, en las conversaciones.

El servicio se lo permitía, pues no pecaba de complicado, reduciéndose a colocar ante los comensales un mollete de pan gigantesco, a sacar de la alacena vino y loza, a empujar descuidadamente sobre el mantel el tarterón de barro colmado de patatas con unto.

—Señorito Javier —preguntó en una de estas maniobras—, ¿qué oyó de la gavilla que anda por ahí?

—¿De la gavilla, chica? Aguárdate... —contestó el mancebo alzando su cara animada y morena—, ¿Qué oí yo de la gavilla? No; pues algo me contaron en la feria... Sí; me contaron...

—Dice que al señor abad de Lubrego le robaron barbaridá de cuartos...; cien onzas. Estuvieron esperando a que vendiese el centeno de la tulla y los bueyes en la feria del quince, y hala que te cojo.

—¿No se defendió?

—¿Y no sabe que es un señor viejecito? Aún para más, aquellos días estaba encamado con dolor de huesos.

El párroco, que hasta entonces había guardado silencio, levantó de pronto los ojos, que bajo sus cejas nevadas resplandecieron como cuentas de azabache, y exclamó:

—Qué defenderse ni qué... En toda su vida supo Lubrego por dónde se agarra una escopeta.

—Es viejo.

—¡Bah!, lo que es por viejo... Sesenta y cinco años cumplo yo para Pentecostés, y sesenta y seis hará él en Corpus; lo sé de buena tinta; me lo dijo él mismo: De modo que la edad... Lo que es a mí no me ha quitado la puntería, ¡alabado sea Dios!

Asintió calurosamente el sobrino.

—¡Vaya! Y si no que lo digan las perdices de ayer, ¿eh? Me remendó usted la última.

—Y la liebre de hoy, ¿eh, rapaz?

—Y el raposo del domingo —intervino el criado, apartando el hocico de los vapores del caldo—. ¡Cuando el señor abad lo trajo arrastrando con una soga así (y se apretaba el gaznate) gañía de Dios! Ouú..., ouú...

—Allí está el maldito —murmuró el cura, señalando hacia la puerta, donde se extendía, clavada por las cuatro extremidades, una sanguinolenta piel.

—No comerás más gallinas —agregó la criada, amenazando con el puño a aquel despojo.

Esta conversación venatoria devolvió la serenidad a la asamblea, y Javier no pensó en referir lo que sabía de la gavilla. El cura, después de dar las gracias mascullando latín, se enjuagó con vino, cruzó una pierna sobre otra, encendió un cigarrillo y, alargando a su sobrino un periódico doblado, murmuró entre dos chupadas:

—A ver luego qué trae La Fe, hombre.

Dio principio Javier a la lectura de un artículo de fondo, y la criada, sin pensar en recoger la mesa, sacó para sí del pote una taza de caldo y sentóse a tomarla en un banquillo al lado del hogar. De pronto cubrió la voz sonora del lector un aullido recio y prolongado. La criada se quedó con la cuchara enarbolada sin llevarla a la boca; Javier aplicó un segundo el oído, y luego prosiguió leyendo, mientras el cura, indiferente, soltaba bocanadas de humo y despedía de lado frecuentes salivazos. Transcurrieron dos minutos, y un nuevo aullido, al cual siguieron ladridos furiosos, rompió el silencio exterior. Esta vez el lector dejó el periódico; y la criada se levantó tartamudeando:

—Señorito Javier..., señor amo..., señor amo...

—Calla —ordenó Javier, y, de puntillas, acercóse a la ventana bajo la cual parecía que sonaba el alboroto de los perros; mas éste se aquietó de repente.

El cura, haciendo con la diestra pabellón a la oreja, atendía desde su sitio.

—Tío —siseó Javier.

—Muchacho.

—Los perros callaron; pero juraría que oigo voces.

—Entonces, ¿cómo callaron?

No contestó el mozo, ocupado en quitar la tranca de la ventana con el menor ruido posible. Entreabrió suavemente las maderas, alzó la falleba y, animado por el silencio, resolvióse a empujar la vidriera. Un gran frío penetró en la habitación; viose un trozo de cielo negro, tachonado de estrellas, y se indicaron en el fondo los vagos contornos de los árboles del bosque, sombríos y amontonados. Casi al mismo tiempo rasgó el aire un silbido agudo, se oyó una denotación, y una bala, rozando la cima del pelo de Javier, fue a clavarse en la pared de enfrente. Javier cerró por instinto la ventana, y el cura, abalanzándose a su sobrino, comenzó a palparle con afán.

—¡Re... condenados! ¿Te tocó, rapaz?

—¡Si aciertan a tirar con munición lobera..., me divierten! —pronunció Javier algo inmutado.

—¿Están ahí?

—Detrás de los primeros castaños del soto.

—Pon la tranca..., así... anda volando por la escopeta... las balas... el frasco de la pólvora... Trae también el Lafuché... ¿Oyes?

Aquí el párroco tuvo que elevar la voz como si mandase una maniobra militar, porque el desesperado ladrido de los perros resonaba cada vez más fuerte.

—Ahora, ahí, ladrar... ¿Por qué callarían antes, mal rayo?

—Conocerían a alguno de la gavilla; les silbaría o les hablaría —opinó el gañán, que estaba en pie, empuñando una horquilla de coger el tojo, mientras la criada, acurrucada junto a la lumbre, temblaba con todos sus miembros, y de cuando en cuando exhalaba una especie de chillido ratonil.

El cura, abriendo un ventanillo practicado en las maderas de la ventana, metió por él el puño y rompió un cristal. Enseguida pegó la boca a la apertura y con voz potente gritó a los perros:

—¡A ellos, Chucho, Morito, Linda. Chucho, duro con ellos, ahí, ahí... Ánimo, Linda, hazlos pedazos!

Los ladridos se tornaron, de rabiosos, frenéticos. Oyóse al pie de la misma ventana ruido de lucha; amenazas sordas, un ¡ay! de dolor, una imprecación, y luego quejas como de animal agonizante.

—¡El pobre Morito..., ya no dará más el raposo! —murmuró el gañán.

Entre tanto, el cura, tomando de manos de Javier su escopeta, la cargaba con maña singular.

—A mí, déjame con mi escopeta de las perdices..., vieja y tronada... Tú entiéndete con el Lafuché... Yo, esas novedades... ¡Bah!, estoy por la antigua española. ¿Tienes cartuchos?

—Sí, señor —contestó Javier disponiéndose también a cargar la carabina.

—¿Están ya debajo?

—Al pie mismo de la ventana... Puede que estén poniendo las escalas.

—¿Por el portón hay peligro?

—Creo que no. Tienen que saltar la tapia del corral, y los podemos fusilar desde la solana.

—¿Y por la puerta de la bodega?

—Si le plantan fuego... Romper no la rompen.

—Pues vamos a divertirnos un rato... Aguarday, aguarday, amiguitos.

Javier miró a la cara de su tío. Tenía éste las narices dilatadas, la boca sardónica, la punta de la lengua asomando entre los dientes, las mejillas encendidas, los ojuelos brillantes, ni más ni menos que cuando en el monte el perdiguero favorito se paraba señalando un bando de perdices oculto entre los retamares y valles floridos. Por lo que hace a Javier, horrorizábanle aquellos preparativos de caza humana. En tan supremos instantes, mientras deslizaba en la recámara el proyectil, pensaba que se hallaría mucho más a gusto en los claustros de la Universidad, en el café o en la feria del quince, comprándole rosquillas y caramelos a las señoritas del pazo de Valdomar. Volvió a ver en su imaginación la feria, los relucientes ijares de los bueyes, la mansa mirada de las vacas, el triste pelaje de los rocines, y oyó la fresca voz de Casildita del Pazo, que le decía con el arrastrado y mimoso acento del país:

—¡Ay, déme el brazo, por Dios, que aquí no sé andá con tanta gente! Creyó sentir la presión de un bracito... No; era la mano peluda y musculosa del cura, que le impulsaba hacia la ventana.

—A apagar el velón... (hízolo de tres valientes soplidos). A empezar la fiesta. Yo cargo, tú disparas..., tú cargas, yo disparo... ¡Eh Tomasa! —gritó a la criada— no chilles, que pareces la comadreja... Pon a hervir agua, aceite, vino cuanto haya... Tú —añadió dirigiéndose al gañán—, a la solana. Si montan a caballo de la muralla, me avisas.

Dijo, y con precaución entreabrió la ventana, dejando solo un resquicio por donde cupiese el cañón de una escopeta y el ojo avizor de un hombre. Javier se estremeció al sentir el helado ambiente nocturno; pero se rehízo presto, pues no pecaba de cobarde, y miró abajo. Un grupo negro hormigueaba; se oía como una deliberación, en voz misteriosa.

—¡Fuego! —le dijo al oído su tío.

—Son veinte o más —respondió Javier.

—¡Y qué! —gruñó el cura al mismo tiempo que apartaba a su sobrino con impaciente ademán—. Y apoyando en el alféizar de la ventana el cañón de la escopeta, disparó.

Hubo un remolino en el grupo, y el cura se frotó las manos.

—¡Uno cayó patas arriba!..., quoniam! —murmuró pronunciando la palabra latina, con la cual, desde los tiempos del seminario, reemplazaba todas las interjecciones que abundan en la lengua española. Ahora tú, rapaz. Tienen una escala. Al primero que suba...

Los dedos de Javier se crispaban sobre su hermosa carabina Lefaucheux, mas al punto se aflojaron.

—Tío —atrevióse a murmurar—, entre esos hay gente conocida, me acuerdo ahora de que lo decían en la feria. Aseguran que viene el cirujano de Solás, el cohetero de Gunsende, el hermano del médico de Doas. ¿Quiere usted que les hable? Con un poco de dinero puede que se conformen y nos dejen en paz, sin tener que matar gente.

—¡Dinero, dinero! —exclamó roncamente el cura—. ¿Tú, sin duda, piensas que en casa hay millones?

—¿Y los fondos del santuario?

—¡Son del santuario, quoniam! y antes me dejaré tostar los pies, como le hicieron al cura de Solás el año pasado, que darles un ochavo. Pero mejor será que le agujereen a uno la piel de una vez, y no que se la tuesten. ¡Fuego en ellos! Si tienes miedo iré yo.

—Miedo no —declaró Javier; y descansó la carabina en el alféizar.

—Lárgales los dos tiros —mandó su tío.

Dos veces apoyó Javier el dedo en el gatillo, y a las dos detonaciones contestó desde abajo formidable clamoreo. No había tenido tiempo el mancebo de recoger la mano, cuando se aplastó en las hojas de la ventana una descarga cerrada, arrancando astillas y destrozándolas. Componían su terrible estrépito estallidos diferentes, seco tronar de pistoletazos, sonoro retumbo de carabinas y estampidos de trabucos y tercerolas. Javier retrocedió, vacilando; su brazo derecho colgaba; la carabina cayó al suelo.

—¿Qué tienes, rapaz?

—Deben de haberme roto la muñeca —gimió Javier, yendo a sentarse, casi exánime, en el banco.

El cura, que cargaba su escopeta, se sintió entonces asido por los faldones del levitón, y a la dudosa luz del fuego del hogar vio un espectro pálido que se arrastraba a sus pies. Era la criada, que silabeaba con voz apenas inteligible.

—Señor..., señor amo..., ríndase, señor..., por el alma de quien lo parió... Señor, que nos matan..., que aquí morimos todos...

—¡Suelta, quoniam! —profirió el cura, lanzándose a la ventana.

Javier, inutilizado, exclamaba ayes, tratando de atarse con la mano izquierda un pañuelo. La criada no se levantaba, paralizada de terror; pero el cura, sin hacer caso de aquellos inválidos, abrió rápidamente las maderas y vio una escala apoyada en el muro, y casi tropezó con las cabezas de dos hombres que por ella ascendían. Disparó a boca de jarro y se desprendió el de abajo. Alzó luego la escopeta, la blandió por el cañón, y de un culatazo echó a rodar al de arriba. Sonaron varios disparos, pero ya el cura estaba retirado, adentro, cargando el arma.

Javier, que ya no gemía, se le acercó resuelto.

—A este paso, tío, no resiste usted ni un cuarto de hora. Van a entrar por ahí o por el patio. He notado olor a petróleo; quemarán la puerta de la bodega. Yo no puedo disparar. Quisiera servirle a usted de algo.

—Viérteles encima aceite hirviendo con la mano izquierda.

—Voy a sacar la Rabona de la cuadra por el portón, y echar un galope hasta Doas.

—¿Al puesto de la Guardia?

—Al puesto de la Guardia.

—No es tiempo ya. Me encontrarás difunto. Rapaz, adiós. Rézame un padrenuestro, y que me digan misas. ¡Entra, taco, si quieres!

—¡Haga usted que se rinde... Enteténgalos... ¡Yo iré por el aire!

La silueta negra del mancebo cubrió un instante el fondo rojo de la pared del hogar, y luego se hundió en las tinieblas de la solana. El tío se encogió de hombros y, asomándose, descargó una vez más la escopeta a bulto. Luego corrió al lar y descolgó briosamente el pesado pote, que, pendiente de larga cadena de hierro hervía sobre las brasas. Abrió de par en par la ventana, y sin precaverse ya, alzó el pote y lo volcó de golpe encima de los enemigos. Se oyó un aullido inmenso, y como si aquel rocío abrasador fuese incentivo de la rabia que les causaba tan heroica defensa, todos se arrojaron a la escala, trepando unos sobre los hombros de otros, y a la vez que por las tapias se descolgaban dos o tres hombres y luchaban con el gañán, una masa humana cayó sobre el cura, que aún resistía a culatazos. Cuando el racimo de hombres se desgranó, pudo verse a la luz del velón que encendieron, al viejo tendido en el suelo, maniatado.

Venían los ladrones tiznados de carbón, con barbas postizas, pañuelos liados a la cabeza, sombrerones de anchas alas y otros arreos que les prestaban endiablada catadura. Mandábalos un hombre alto, resuelto y lacónico, que en dos segundos hizo cerrar la puerta y amarrar y poner mordazas al criado y a la criada. Uno de sus compañeros le dijo algo en voz baja. El jefe se acercó al cura vencido.

—¡Eh, señor abad..., no se haga usted el muerto!... Hay, ahí un hombre herido por usted y quiere confesión...

Por la escalera interior de la bodega subían pesadamente, conduciendo algo. Así que llegaron a la cocina, viose que eran cuatro hombres que traían en vilo un cuerpo, dejando en pos charcos de sangre. La cabeza del herido se balanceaba suavemente. Sus ojos, que empezaban a vidriarse, parecían de porcelana en su rostro tiznado; la boca estaba entreabierta.

—¡Qué confesión ni...! —dijo el jefe—. ¡Si ya está dando las boqueadas!

Pero el moribundo, apenas le sentaron en el banco, sosteniéndole la cabeza, hizo un movimiento, y su mirada se reanimó.

—¡Confesión! —exclamó en voz alta y clara.

Desataron al cura y le empujaron al pie del banco. Los labios del herido se movían, como recitando el acto de contrición. El cura conoció el estertor de la muerte y distinguió una espuma de color de rosa que asomaba a los cantos de la boca. Alzó la mano y pronunció ego te absolvo en el momento en que la cabeza del herido caía por última vez sobre el pecho.

—¡Llevárselo! —ordenó el jefe—. Y ahora diga el abad dónde tiene los cuartos.

—No tengo nada que darles a ustedes —respondió con firmeza el cura.

Sus cejas se fruncían, su tez ya no era rubicunda, sino que mostraba la palidez biliosa de la cólera, y sus manos, lastimadas, estranguladas por los cordeles, temblaban con temblequeteo senil.

—Ya dirá usted otra cosa dentro de diez minutos... Le vamos a freír a usted los dedos en aceite del que usted nos echó. Le vamos a sentar en las brasas. A la una..., a las dos.

El cura miró alrededor y vio sobre la mesa donde habían cenado el cuchillo de partir el pan. Con un salto de tigre se lanzó a asir el arma, y derribando de un puntapié la mesa y el velón, parapetado tras de aquella barricada, comenzó a defenderse a tientas, a oscuras, sin sentir los golpes, sin pensar más que en morir noblemente, mientras a quema ropa le acribillaban a balazos.

El sargento de la Guardia Civil de Doas, que llegó al teatro del combate media hora después, cuando aún los salteadores buscaban inútilmente bajo las vigas, entre la hoja de maíz del jergón y hasta en el Breviario los cuartos del cura, me aseguró que el cadáver de éste no tenía forma humana, según quedó de agujereado, magullado y contuso. También me dijo el mismo sargento que desde la muerte del cura de Boán abundaban las perdices; y me enseñó en la feria a Javier, que no persigue caza alguna, porque es manco de la mano derecha.

La Revista Ibérica, núm. 12, 1883.

El pinar del tío Ambrosio

Al volver de examinar la diminuta heredad que le daban en garantía de un préstamo al 60 por 100, se le ocurrió al tío Ambrosio de Sabuñedo echar un ojo a su pinar de Magonde, a ver qué testos y guapos estaban los pinos viejos y cómo crecían los nuevos. Aquel pinar era el quitapesares del tío Ambrosio. Dentro de un par de años contaba sacar de él una buena porrada de dinero; para entonces estaría afirmada la carretera a Marineda, y el acarreo sería fácil y los licitadores numerosos y francos en proponer. Si el tío Ambrosio pudiese, bajo un fanal de vidrio resguardaría sus gallardos pinos de Magonde.

Apenas hubo traspasado el lindero, el viejo profirió una imprecación. A su derecha, y sangrando aún densa resina, se veía el cabezo de un pino recién cortado. Pocos pasos más allá, otro cepo delataba un atentado semejante. Ni rastro del tronco. Y el tío Ambrosio, espumando de rabia, contó hasta cinco pinos soberbios, cercenados y sustraídos... ¿Por quién? Al punto, el pensamiento del tío Ambrosio se fijó en Pedro de Furoca, alias el Grilo, el más vagabundo y ladrón de la parroquia. Solo él sería capaz de un golpe de mano tan atrevido: sacar el carro de noche, cortar y cargar los pinos con ayuda de algún bribón de su misma laya, y venderlos baratos en Marineda, ¡porque para lo que le costaban!... ¡Mal rayo!

En medio de su furor, el tío Ambrosio concibió una idea genial. Creía haber encontrado medio de hacer el pinar inviolable. Regresó a la aldea, y guardóse bien de quejarse del robo de los pinos. Al contrario; en las conversaciones junto al fuego, en las deshojas, a la salida de la misa mayor, aseguró que ignoraba el estado del pinar, que no se atrevía a llegarse por allí nunca, aun cuando le interesaba vigilar sus árboles, desde que un día, al caer la tarde, había visto, pero ¡visto con sus propios ojos que había de comer la tierra!, una cosa del otro mundo, probablemente un alma del Purgatorio. Y como la tía Margarida y Felisiña la de Zas le preguntasen, muertas ya de miedo, las señas del alma, el tío Ambrosio la describió minuciosamente: era muy altísima; arrastraba unos paños blancos y unas cadenas que metían un ruido atroz, y daba cada suspiro que temblaba la arboleda. Dos ojos de lumbre completaban el retrato de aquel ser misterioso.

Algunos mozos, preciso es confesarlo, se rieron de la descripción, porque el escepticismo hace ya estragos hasta en las aldeas; pero las mujeres, los viejos y los niños patrocinaron la conseja del tío Ambrosio, y el Grilo fue de los primeros a persignarse si pasaba con sus bueyes por delante del pinar. Frotábase el tío Ambrosio las manos creyendo salvados los pinos, cuando experimentó una gran sorpresa y una impresión profunda: el rapaz de la tía Margarida, Goriños, volviendo del monte al anochecer con un fajo de retama a cuestas, había visto también, en la linde del pinar, el alma. El tío Ambrosio interrogó al muchacho, cuyos dientes castañeteaban aún de terror, y le oyó repetir puntualmente su propia pintura: la estatura agigantada, los blancos lienzos, los ojos de brasa y los plañideros suspiros de la visión del otro mundo.

Pensativo y maravillado en extremo quedó el tío Ambrosio con tan extraña noticia. Mejor que nadie sabía él que lo de la aparición era un embuste gordo. Sin embargo, Goriños lo afirmaba de tal manera y con tal acento de sinceridad, que, ¡francamente!, daba en qué pensar algo y aun harto. Y por si no bastaban las afirmaciones, Goriños cayó enfermo del susto y estuvo ocho días en la cama sangrando del brazo izquierdo.

Hasta que el chiquillo convaleció, el tío Ambrosio, sin saber la razón, sin definirla, no tuvo ganas de dar una vuelta por el pinar. Era preciso ver lo que ocurría, y el viejo necesitaba, para no quitar verosimilitud a su propia invención, ir de modo que no le viesen, a boca de noche. Así lo hizo, provisto de vara y navaja, y rodeando por entre maíces y después por una tejera abandonada ya, en que formaban barrancos los hoyos abiertos para extraer el barro. Iba cautelosamente buscando la sombra de los árboles, ojo alerta, palpitante el corazón. Al encontrarse cerca del pinar, se detuvo un instante, respirando. La Luna, que acababa de asomar entre dos sombríos nubarrones, prestaba fantástico aspecto a los negros troncos erguidos y apretados como haces de columnas; y el viento, al cruzar las copas, les arrancaba salmodias lúgubres, que parecían llantos y lamentaciones de ánimas en pena. Volvió la Luna a nublarse, y el tío Ambrosio, dispuesto ya a salvar la linde, oyó de pronto un golpe sordo y a la vez un doloroso suspiro. Erizóse su escaso cabello y, despavorido, dio a correr en dirección opuesta al pinar.

A poco trecho andando se rehízo, que, al fin, era duro de pelar el tío Ambrosio, y jurando entre dientes volvió atrás, proponiéndose entrar en su pinarcito, pese a todos los gemidos y porrazos que allá dentro sonasen. Otra vez refulgía la Luna en lo alto de los cielos, y su luz, fría y triste, en vez de prestar tranquilidad al espíritu, aumentaba el pavor. Los mil ruidos de la naturaleza, el correteo de las alimañas, el manso rumor del follaje, adquirían a tal hora y en tal sitio medrosa solemnidad. Ya cerca, el tío Ambrosio creyó oír de nuevo el fatídico golpe, apagado, mate, a mayor distancia. Dominó el estremecimiento de sus nervios y adelantó dos o tres pasos. De repente, sus pies se clavaron a la tierra como las raíces de un pino. Saliendo de los más fragoso de la espesura, acababa de aparecérsele, ¡atención!, la «cosa del otro mundo».

Allí estaba, allí, conforme con su descripción, tan alta que sus inflamados ojos parecían brillar en la copa de un árbol, arrastrando melancólicamente las blancas telas del sudario, cuyos fúnebres pliegues movía el viento de la noche; caminando poco a poco, haciendo resonar las roncas cadenas y suspirando horriblemente, como deben de suspirar los precitos... El tío Ambrosio abrió la boca, los brazos después, se tambaleó y cayó para atrás, lo mismo que si le hubiesen atizado un gran palo en la cabeza... Se aplanó contra la tierra, sin movimiento, sin conocimiento, accidentado de susto.

Volvió en sí a tiempo que amanecía. El rocío nocturno, que tendía una red de aljófar y diamantes sobre la hierba, había empapado las ropas del labriego y penetrado hasta sus huecos secos y vetustos. Quiso incorporarse, y sintió agudísimos dolores; se encontraba tullido o poco menos. Gritó, pidiendo auxilio, pero ninguna voz respondió a la suya: el sitio era muy solitario; por allí, desde que faltaban los tejeros, no existía humana vivienda. Mal como pudo y arrastrándose, el tío Ambrosio tomó el camino de su aldea y de su casa; y su mujer, al verle moribundo, se decidió a avisar al médico, con quien estaban arrendados por seis ferrados de trigo anuales. Vino el doctor, y hubo receta larga, porque el tío Ambrosio sufría una fiebre reumática de las más peligrosas. Lenta fue la convalecencia, y el viejo usurero anduvo en muletas más de dos meses. Cuando pudo valerse por su pie, estaba tan consumido y desfigurado, que en la aldea no le conocían.

El tío Ambrosio volvía a la vida con una idea fija incrustada en su meollo agudo y sutil. Quería a toda costa ver el pinar, verlo claramente, lo que se dice verlo. Y como no estaba para caminatas largas, arreó su jumento, y a las doce del día, con un alegre Sol, se metió por el sendero y cruzó la linde. Desde el primer instante, advirtió que aquello era una perdición. A derecha e izquierda, entre pocos pinos respetados para encubrir la tala, solo se divisaban cepos, los unos, frescos, blancos y resinosos; los otros cortados ya de antiguo, denegridos y resquebrajados. Las dos terceras partes del magnífico pinar habían desaparecido. Y el tío Ambrosio, ante aquel espectáculo de horror, descifró perfectamente los golpes sordos, la aparición del alma en pena y la fácil credulidad del Grilo... Crispó los puños, se atizó un recio golpe en la frente, miró al manso borrico y murmuró en dialecto:

—Aún soy yo más.

Blanco y Negro, núm. 290, 1896.

Planta montés

Hubo larga deliberación, y se celebró una especie de consejo de familia para decidir si era o no conveniente traerse a aquel indígena de la más enriscada sierra gallega a servir en la capital de la región. Ello es que emprendíamos la doma de un potro; tendríamos que empezar enseñando al neófito el nombre de los objetos más corrientes y usuales, dándole una serie de «lecciones de cosas», que me río yo de la escuela Froebel. Pero tan ahítos estábamos del servicio reclutado en Marineda, procedente de fondas y cafés, picardeado y no instruido por el roce, ducho en hurtar el vino y en saquear la casa para obsequiar a sus coimas, que optamos por el ensayo de aclimatación. En el fondo de nuestro espíritu aleteaba la esperanza dulce de que al buscar en el seno de la montaña un muchacho inocente y medio salvaje, hijo y nieto de gentes que desde tiempo inmemorial labran nuestras tierras, ejerceríamos sobre el servidor una especie de donominio señorial, reanudando la perdida tradición del servicio antiguo, cariñoso, patriarcal en suma. ¡Tiempos aquellos en que los criados morían de vejez en las casas!...

Era una mañana serena y pura; el cielo de Marineda justificaba la copla que lo declara «cubierto de azul», cuando llegó a nuestros lares el natural de Cenmozas. Acompañábale su padre, el casero. Padre e hijo se parecían como dos gotas de agua, en las facciones: ambos de rostro pomuloso, moreno bazo, color de pan de centeno; de ojillos enfosados, inquietos, como de ave cautiva; de labios delgados casi, invisibles; de cráneo oblongo, piriforme. Los diferenciaba la expresión, astuta y humilde en el viejo, hosca y recelosa en el mozo; y también los distinguía el pelo, afeitado al rape el del padre, largo el del hijo y dispuesto como la melena de los siervos adscritos al terruño, colgando a ambos lados de su parda montera de candil. Los dos vestían el genuino traje de la comarca montañosa, algo semejante a la vestimenta de los vendeanos y bretones, aunque en vez de amplias bragas usasen el calzón ajustado de lienzo bajo el de paño pardusco. A pesar de la radiante belleza del día, apoyábanse los montañeses en inmensos paraguas colorados.

Mientras el viejo rebosaba satisfacción y contento —como quien está seguro de haber encontrado a su progenie una colocación en que tiene al rey cogido por los bigotes—, y en su fisonomía socarrona retozaba insinuante sonrisa, el mozo, callado y descolorido a pesar del Sol que había tostado su epidermis, parecía indiferente a las cosas exteriores. Al ofrecerles asiento, dejáronse caer en él a la vez pesada y tímidamente, penetrados de respeto hacia la silla. Antes de estipular nuestras condiciones, hizo el padre el cumplido panegírico de su Ciprián o Cibrao, que así le llamaba. Las comparaciones elogiosas estaban tomadas de la fauna campesina. Cibrao, maino como una oveja; Cibrao, fiel como un can; Cibrao, trabajador como un lobo (tal dijo, aunque yo ignoraba que el lobo se distinguiese por su laboriosidad); Cibrao, amoroso como una rula (tórtola); Cibrao, ahorrativo como las hormigas; Cibrao, más duro que mula burreña; a Cibrao con cualquier cosa lo manteníamos, porque, ¡alabado sea el Señor!, él venía hecho a todo y su cuerpo bien castigado. Si nos desobedecía en la menor, ¡dale sin duelo! (y el padre ejecutaba el ademán de quien sacude un pellejo a varazos), y si no, llamarle a él, al tío Julián, que vendría desde Cenmozas para arrearle al hijo tal tunda, que no se pudiese menear en cinco semanas. Soldada, la que quisiéramos; ¡demasiada fama teníamos de buenos cristianos para hacer mala partida a nadie! Al mozo, en su mano, ni un «ochavo de fortuna» siquiera: ya se sabe que los mozos cuanto tienen, otro tanto destragan con bribonas y tabernas... Él, el tío Julián, se encargaría de recoger, supongamos, cada dos o tres meses juntos... Si hoy en día pagaba tanto más cuanto por el lugar, y si tanto ganaba el mocino, eso menos nos pagaría al vencer el término de la renta. Y hablando de renta: en estos años tan malos, por fuerza habríamos de perdonarle alguna. Otrosí: la casa del lugar, propiamente estaba cayéndose en ruinas... Venir un día de viento..., y ¡plan!..., ¡adiós, casiña! Luego, con tantas grietas..., los tenía el frío atercidos. Comprendimos que el tío Julián venía animado del firme propósito de vendernos su «mozo» a trueque de la renta del lugar, reconstrucción de morada y dinero para unos bueyes a parcería, que contaba le sacasen de apuros. En arras de este contrato tácito, ofreciónos dos empedernidos quesos, cuatro onzas de rancia manteca y hasta media fanega de castañas gordas.

Cuando, después de bien comido y regalado, se despidió el viejo labriego, el hijo conservó su inmovilidad y mutismo; ni aun mostró querer acompañarle hasta la puerta o darle alguna señal de afecto o encargo para los que se habían quedado allá en la sierra, adonde el viejo volvía. Por la noche vimos al nuevo servidor acurrucado en un rincón de la cocina, sin querer aproximarse a la mesa para cenar. Ni nuestras palabras, ni las bromas de la joven y alegre doncella, ni las compasivas insinuaciones de la cocinera, mujer ya madura y que tenía un hijo «sirviendo al rey», consiguieron animarle. No consintió probar bocado.

Comprendimos bien esta nostalgia o morriña de los primeros instantes, y esperamos que no duraría. ¡Marineda es tan regocijada los domingos! ¡Ofrece tantas distracciones a un rapaz campesino que solo ha visto breñas y tojos! ¡Hay tanta música militar, tanto ejercicio de batería; en Carnaval, tanta comparsa...! Y en Semana Santa, ¡qué de procesiones! Ya acabaría Cibrao por chuparse los dedos.

Lo primero, adecentarle, para que pudiese andar entre las gentes y sus compañeros no le hiciesen burla. Un barbero le cortó el pelo y le enseñó el uso del peine; un sastre le arregló ropa de desecho; a provistarle de camisas, de calcetines y elásticas; a plancharle corbatas blancas y embutirle las callosas manos en guantes de algodón. La metamorfosis, al pronto, surtió favorable efecto. Diríase que iba a sacudir su apatía el montañés. Fuese que las guedejas le hacían el rostro más macilento, o fuese por otra razón desconocida, al raparse mejoró de semblante, apetito y ánimo, y ya creímos que el trasplante se realizaba con toda felicidad.

¡Ay! Nuestra satisfacción fue un relámpago. El rapaz se estrenó desastrosamente en el servicio. Ni una potranca de Arzúa, suelta al través de la casa, hace más estropicios. Las manos duras de Cibrao, acostumbradas al sacho y a la horquilla, no acertaban a tocar cacharro ni vidrio sin reducirlo a polvo. Lo cogía con infinitas precauciones, y ¡clin!, ¡plac!, al suelo hecho añicos. Él le echaba la culpa a los guantes, con los cuales aseguraba que «no tenía tientos». El cristal ejercía sobre sus sentidos burdos de labriego extraña fascinación. No lo distinguía de la diafanidad de la atmósfera: tenía delante una copa o una botella, y positivamente «no la veía», o la menos, no distinguía sus contornos. «Maréame», decía al tomar cualquier objeto transparente.

Nos ponía tenedores para la sopa y cucharas para el frito. Las vinagreras las servía al postre. Azotaba los cuadros con el mango del plumero; arrancaba de cuajo los cortinones al intentar sacudirlos; limpiaba el tintero con las toallas finas, y no dejó aparato de petróleo que no descompusiese. Una noche tuvimos la casa, por culpa suya, sepultada en profundas tinieblas.

Con todo ello, nuestro ajuar ganaba poco, y su destructor, menos aún. El azoramiento de las continuas advertencias y regaños, el vértigo de la ciudad, tal vez causas más íntimas, más pegadas al alma del trasplantado, iban demacrando su rostro y apagando sus ojos de un modo que llegó a parecernos alarmante. Algo de compasión y mucho de cansancio e impaciencia nos dictaron la medida de llamar a capítulo al mozo y aconsejarle paternalmente la vuelta a su aprisco serrano. «Vamos, habla claro y sin miedo, rapaz. Nadie te quiere en su casa por fuerza. Llevas quince o veinte días; ya puedes saber cómo te va por aquí. Tú no estás contento.» Una chispa luminosa se encendió en las cóncavas pupilas, y los apretados labios articularon enérgicamente:

—Señora mi ama, no me afago aquí.

—Y pasado algún tiempo, ¿no te afarás tampoco?

—Tampoco. No señora.

En vista de la categórica respuesta, escribimos sin dilación al mayordomo de la montaña para que viniese el tío Julián a recoger su cachorro. Sí, que lo recogiese cuanto antes; de lo contrario, ni nos quedaría títere con cabeza, ni el muchacho levantaría la suya. Transmitió el mayordomo la respuesta del viejo. Como él viniese a Marineda, le rompía al hijo todas las costillas, por «escupir la suerte». Y si lo llevaba a la montaña otra vez, era para «brearlo a palizas». Este modo de entender la autoridad paterna nos alarmó un poquillo. Suspendimos toda determinación y comunicamos a Cibrao las órdenes del «patrucio».

Nada contestó. Resignóse. Cayó en una especie de marasmo. Trabajaba lo que le mandasen; pero en cuanto volvíamos la espalda se acurrucaba en un rincón, dejando los brazos colgantes y clavando la quijada en el pecho. Era la calma triste del animal, silenciosa y soporífera, sin protestas ni quejas; la oscura y terca afirmación de la voluntad en el mundo zoológico. Cierto día, al preguntarle, si estaba malo y proponerle un médico, hubo de responder:

—Médico «non» sirve. ¡La tierra me llama por el cuerpo!

Había llegado el mes de noviembre, lúgubre mes en que parece oírse, al través del suelo empapado en lluvia y entre el silbo del ábrego, choque de huesos de difunto y sordas lamentaciones extramundanales. Marineda se vestía de invierno. Retemblaban los cristales al empuje del huracán, y el rugir de los dos mares, el Varadero y la Bahía, hacía el bajo en el pavoroso concierto, mientras la voz estridente del viento parecía carcajada sardónica. En nuestra solitaria calle no se oía a las nocturnas horas sino el paso fuerte y rítmico del sereno, el quejumbroso escurrir del agua, el embrujado maullido del gato, ya rabioso de amor, y algún aldabonazo que resonaba como en el hueco de una tumba. Después de la noche más tormentosa y triste de todo el mes, supimos que Cibrao no quería salir de la cama. Y vino el doctor, y a carcajadas nos reíamos cuando nos enteró de lo que el mozo padecía.

—¡El maula ese! No tiene nada. Ni calentura, ni dolores, ni esto, ni aquello, ni lo de más allá. ¡Cuando les digo a ustedes que nada! Y dice que no la da la gana de levantarse, ¿por qué pensarán? ¿A que no aciertan? Pues porque anoche oyó ladrar, digo aullar un perro, y jura que el dicho perro «ventaba» su muerte.

Pasada la risa, nos entró el arranque humanitario.

—Doctor, ¿caldo y vino? Doctor, ¿unos sinapismos? Doctor, ¿a veces un baño de pies...?

El médico se encogió de hombros enarcando las cejas.

—No veo medicamento, porque no veo enfermedad. Si la hay es en la «sustancia gris», y yo allí no sé cómo se ponen las sanguijuelas ni cómo se aplican los revulsivos. A mal de superstición, remedio de ensalmos. Llamen ustedes al cura de la parroquia, que se traiga el calderito y el hisopo y le saque los enemigos del cuerpo.

Y el doctor Moragas se fue, entre risueño y furioso.

Muchas veces hemos deplorado no seguir acto continuo el consejo irónico del doctor. ¿Quién sabe si las ilustraciones del bendito caldero curarían la pasión de ánimo del montañés.

La noche siguiente yo también oí, entre el silbido del aire y ronco mugido profundo del Cantábrico, la voz del perro que aullaba en son muy prolongado y triste. Me desvelé, y singular desasosiego me oprimió hasta la madrugada, hora en que generalmente recompensa el sueño las fatigas del insomnio.

¿Será creído el desenlace de este caso auténtico, no tan sorprendente para los que nacimos en la brumosa tierra de los celtas agoreros como para los que en regiones de Sol tuvieron cuna?

El temor a la incredulidad me paraliza la mano. Apenas me determino a estampar aquí que Cibrao amaneció muerto en su cama.

Le hicimos un buen entierro, y hasta se dijeron misas por su alma primitiva y gentil.

La España Moderna, diciembre 1890.

Poema humilde

Lo que voy a contaros es tan vulgar, que ya no pertenece a la poesía, sino a la bufonada en verso: ni al arte serio, sino a la caricatura grotesca, de la cual diariamente hace el gasto. Sed indulgentes y no me censuréis, porque donde suele verse risa he visto una lágrima.

Lo que voy a contaros son los amoríos del soldado y la criada de servir. Se querían desde la aldea, donde ambos nacieron; y cuando, después de haber destripado terrones toda la semana, las noches de los sábados salían los mozos de parranda y broma, cantando y exhalando gritos retadores, Adrián siempre echaba raíces en la cancilla de Marina, y Marina no se despegaba de la cancilla para dar palique a Adrián. Las tardes de los domingos, al armarse el baileto sobre el polvo de la carretera, la pareja de Adrián era Marina, y que nadie se la viniese a disputar; y al celebrarse la fiesta patronal, sentados juntos en la umbría de la tupida «fraga» —mientras la gaita y el bombo resonaban a lo lejos, doliente y quejumbrosa la primera, rimbombante y triunfador el segundo—, Marina y Adrián callaban como absortos en el gusto de allegarse, aletargados de puro bienestar. Solo al anochecer, hora de regreso a sus casitas por los caminos hondos, Adrián, despidiendo un suspirote, soltaba el brazo con que tenía ceñida solapadamente la cintura maciza y redonda de su rapaza.

En bodas no se pensaba aún, porque Adrián iba a entrar en quintas; pero, entre dos estrujones de talle más recios, se había convenido en que, si «le caía la suerte» a Adrián, se casarían al cumplir. Vino, por fin, el sorteo, y tocóle al mozo «servir al rey»; todas las gestiones, empeños y tentativas de soborno del padre de Adrián para que a su hijo le declarasen inútil, fracasaron; en tiempo de guerra se hila muy delgadito, y con las comisiones mixtas, en que entran militares, no hay sutilezas que valgan. Adrián salió a presentarse en el cuartel, y a las dos semanas se marchaba de la aldea Marina, admitida de criada «para todo» en casa de unas señoras solteronas, maniáticas de limpieza, que por treinta reales mensuales la tenían dieciséis horas con el estropajo empuñado o la escoba en ristre. ¡Marina se añoraba tanto!

Acordábase sin cesar del fresco pradito en que apañaba hierba o apacentaba su vaca roja; del soto, en que recogía erizos; del maizal, cuyas panochas segaba riendo; le faltaban aire y luz en el zaquizamí donde dormía, y en la cocina angosta y enrejada en que fregaba pucheros y cazos; y muchas veces soltando el «molido» o el medio limón, dejaba caer los brazos, cerraba los ojos y se veía allá, donde el humo del horno, a guisa de fino velo de tul gris, envuelve la cabaña, a cuya puerta juegan los hermanillos... Mas todo lo olvidaba el domingo, cuando en el gran paseo poblado de árboles, al metálico son de la charanga, daba vueltas y vueltas acompañada de Adrián, que empezaba a acostumbrase a llevar su uniforme de Infantería. Cada domingo se decían lo mismo al tiempo de encontrarse, y al agarrarse los dedos, riendo con gozo pueril:

—¡Cómo branqueas, Mariniña!

—¡Y tú qué branco te tornas!

Y era que, en efecto, el ambiente tasado y viciado de la ciudad iba robando a sus caras el tono atezado y rojizo, la sana y dura encarnación campesina:

—¡Cómo branqueas!

—¡Qué branco!

Con tal que no se llevasen a la guerra a su mozo, Marina no se quejaba; trabajaba lo mismo que una negra, frotaba sin descanso cubiertos, cazos y herradas, barría suelos y aporreaba muebles a fin de que todo reluciese como el oro, y no la castigasen quitándole su salida de los domingos en que la obsequiaba con cinco céntimos de barquillos el soldado. Lo peor es que «aquello» de la guerra tenía que venir, y vino; se necesitaba más gente allá en la tragona isla que ya había devorado tantos millares de cuerpos jóvenes y vigorosos, como el horrible «lupus» dicen que devora la carne fresca que le aplican. ¡Más gente! Allí estaba en la bahía el hermoso barco, aguardando su carga, pronto a zarpar, calentado ya sus enormes calderas, cuya sorda actividad estremecía ligeramente el casco cual se estremece el corcel de batalla al olfatear la sangre...

Y se llevaron a Adrián y también a los otros. Marina, sin acordarse del regaño que la esperaba en casa, se pasó la tarde entera plantada en el muelle, aguardando a la tropa. Al parecer Adrián, se le colgó del cuello, dándole un abrazo insensato y muchos besos húmedos de lágrimas, piadosos, sin malicia ni impureza. Al desviarse el soldado, Marina le puso en la mano un papelico que contenía noventa reales —la soldada de un trimestre, el precio de tantas fregaduras—, y en un pañuelo atado, dos camisas gordas y media docena de calcetines baratos, porque ella había oído que en la guerra los militares andan desnudos y descalzos —«¡pobriños!»—. Aquello pasó entre el desorden y el bullicio del embarque, el «chin chin» de la música, las oleadas del gentío que llenaba el Espolón; y Adrián, queriendo conservar su entereza, por no deslucirse ante los compañeros de armas, balbució: «Te non aflijas, Mariniña, que hamos de tornar pronto...»

Después de la marcha de Adrián, bien desearía Marina volver a su aldea, a su vaca, al prado y a la fuente donde charlan las comadres..., pero no podía ser, no; había que esperar la vuelta de la tropa, que ya no tardaría; según los que leían papeles, se andaba trabajando en «meter paz»..., aunque otros papeles aseguraban que lo de «meter paz» iba para largo. Por si acaso, Marina quieta allí, con el muelle a dos pasos de casa, siempre concurrido de gente de mar, que sabe noticias de la isla, que compra los diarios y que se presta a enterar a una infeliz a quien le estorba lo negro... Ellos, los marineros, se encargaban de soletrarle a Marina las cartas de Adrián, muy optimistas, contando que estaban tan gordos y habían comido gallina y unas frutas que saben a gloria, y tomado café fino a cuenta del mambis, y bebido licor, y fumado un tabaco de olé. Cinco fueron las cartas en cuatro meses; de pronto cesaron, y Marina no dudó ni un instante de que Adrián estaba enfermo, muy enfermo; no difunto, pues por las gestiones de un tendero de ultramarinos donde compraba, había averiguado que oficialmente no «era baja» Adrián. «No ser baja quiere decir estar vivo, mujer», explicaba con suficiencia el tendero.

Por aquellos días empezaron a arribar al puerto buques-hospitales, cargados de enfermos y de moribundos. Daba compasión presenciar el desembarco. Arrastrándose o en camillas; pálidos, con la palidez mortecina de la anemia profunda; cárdenos los labios, apagados los ojos, los vencidos por el clima tenían aún fuerzas para sonreír a la tierra natal, al dulce Sol peninsular que calienta y no consume, al aire oxigenado y fresco que no columpia gérmenes de infección en sus diáfanas ondas. Dilataban las pupilas para mirar el caserío níveo, las galerías de cristales, la muchedumbre amiga que los atiende y los recibe apiadada de tanto sufrir..., y les parecía mentira estar otra vez en la España buena, en la que todavía tiene una bandera sola y un solo corazón para los que la defienden. Marina, aunque no entendía jota de eso de la patria, no perdía ni una arribada de buque; porque, ¿quién sabe...?

Y era a cada paso más doloroso el espectáculo que a tales arribadas seguía. Cada nueva hornada traía gente más exhausta; a cada barco aumentaba el número de camillas y disminuía el de los soldados que se dirigían al hospital o al sanatorio por su pie. Una mañana cundió la voz de que acababa de entrar en bahía un buque, tripulado únicamente por cadáveres. Singular parecerá, y lo es, sin duda, el que en los puertos se diga de antemano en qué estado viene el buque que todavía no fondó, y, sin embargo, los que en el puerto de mar han vivido saben que ocurre este fenómeno. Noticias muy tristes corrían acerca del estado del Oceanía, y la imaginación popular, en pocas horas, creó la siniestra leyenda, con sabor germánico, de una embarcación sin otra carga que muertos —buque fantasma, ataúd flotante a merced de las olas—. El muelle rebosaba de curiosos, y a Marina le costó un triunfo abrirse paso. La empujaban, la magullaban, la pellizcaban algún chusco sin entrañas, de esos que en la ocasión más grave alardean de buen humor; pero ella consiguió al fin situarse en primera fila, en sitio preferente, al paso de los enfermos que iban ocupando las camillas. La leyenda tenía fundamento; aquellos no eran enfermos, sino cuerpos inertes, sin movimientos y, al parecer, sin vidas.

Batidos y zapateados durante toda la travesía por furioso temporal, los que no habían sucumbido ni descansaban ya en el fondo de los mares, venían exánimes, lacios, rotos, hechos trizas, en síncope bienhechor, que les impedía darse cuenta de su estado. Su cabeza oscilaba, sus manos colgaban, su respiración era insensible, y hubo dos que, al ser depositados en la camilla, hicieron un movimiento; revolvieron un instante las pupilas... y después las cerraron para la eternidad.

Hacia una de esas camillas se arrojó una rapaza, chillando, llorando a voces, como se llora en la aldea, y mesándose los cabellos. Marina acababa de reconocer a su Adrián... y cuenta que para ello bien se necesitaba la ojeada infalible del amor, que es la misma en todas las clases sociales, la misma en la pobre criada de servir que en la reina. Marina había reconocido a su mozo en aquel agonizante que expiraba al beber el primer aliento, la primera brisa cariñosa de la costa nativa...; y ahora sí que podía exclamar la aldeanilla, ante el rostro exangüe dormido sobre el cabezal:

—¡Qué branco!

La amenaza

Aquella casita nueva tan cuca, tan blanqueada, tan gentil, con su festón de vides y el vivo coral de sus tejas flamentes, cuidadosamente sujetas por simétricas hiladas de piedrecillas; aquellos labradíos, cultivados como un jardín, abonados, regados, limpios de malas hierbas; aquel huerto, poblado de frutales escogidos, de esos árboles sanos y fértiles, placenteros a la vista, cual una bella matrona, me hacían siempre volver la cabeza para contemplarlos, mientras el coche de línea subía, al paso, levantando remolinos de polvo la cuesta más agria de la carretera. Sabía yo que esta modesta e idílica prosperidad era obra de un hombre, pobre como los demás labradores, que viven en madrigueras y se mantienen de berzas cocidas y mendrugos de pan de maíz, pero más activo, más emprendedor; dotado de la perseverancia que caracteriza a los anglosajones, de iniciativa y laboriosidad, y que, a fuerza de economía, trabajo, desvelos e industria había llegado a adquirir aquellas productivas heredades, aquel huerto con su arroyo y a construir en vez de ahumado y desmantelado tugurio, la vivienda de «señor», saludable, capaz, aspirando y respirando holgadamente por sus seis ventanas y su alta chimenea... A veces, desde el observatorio de la ventanilla del destartalado coche veía al dueño de la casa, el tío Lorenzo Laroco, llevando la esteva o repartiendo con la azada el negro estiércol fecundador, exponiendo al Sol sin recelo su calva sudorosa y su rojo y curtido cerviguillo, y admiraba, involuntariamente, aquella vejez robusta aquella alegre energía, aquella complacencia en la tarea y en la posesión de un bienestar ganado a pulso y a puño, sin defraudar a nadie, honradamente.

Un día —llegando el coche al alto donde ya se registran los dominios del tío Lorenzo— noté con sorpresa completa transformación. En las heredades en barbecho crecían cardos, escajos y ortigas. La mitad de los árboles del huerto aparecían tronzados, secos algunos; el arroyo se había convertido en charca, y en la fachada de la casa solitaria pendía, a manera de colgajo de carne desprendido por cuchillada feroz, una vidriera que desgajó sin duda la racha del huracán.

Mi exclamación de asombro y pena determinó silenciosa y astuta sonrisa en el aldeano, que, sentado frente a mí, descansaba la barbilla en el puño de báculo del inmenso paraguas rojo —el clásico «paraguas de familia», tan querido del campesino gallego—. Guiñó los ojos sagaces y esperó con sorna la pregunta infalible.

—Mi amigo, ¿sabe si es que ha muerto el tío Lorenzo de Laroco? —pronuncié con interés.

—Morir, no murió —respondió el aldeano pesando las palabras cual si fuesen polvillos de oro.

—Pues ¿cómo veo todo abandonado y hasta la vidriera rota?

—La casa se vende y las tierras también —declaró el buen hombre, con la misma solemnidad y diplomática reserva.

—Pero..., y al tío Lorenzo, ¿qué le pasa?

—El tío Lorenzo... ¡Pchs!..., dicen que embarcó para Buenos Aires.

—¿Y por qué? ¡Un hombre que le iba tan bien aquí!

El labriego meneó la cabeza, adelantó el labio inferior, se encogió levemente de hombros, apretó el cayado del paraguazo, y al fin soltó con énfasis:

—¿Y qué quiere, señora? ¡Cosas de la «fertuna», que «vira» como el viento!

Conociendo algo la psicología de nuestra gente aldeana, comprendí que aunque preguntase y repreguntase no sacaría en limpio la historia dramática que me hacían presentir aquellas truncadas noticias. Por suerte, al día siguiente, cuando salíamos de la misa mayor, me di de manos a boca con el médico don Fidel, sujeto de habla expedita y bien informado de la chismografía rural. Apenas toqué el punto del embarque del tío Lorenzo, exclamó vivamente:

—Ahí tiene usted uno que no emigra ni por falta de recursos, ni menos por sobra de codicia. Satisfecho vivía él en su casita preciosa, y con sus frutales y sus hortalizas, y su hórreo revertiendo maíz, y su panera llena de trigo, como el emperador en su trono. Era un «filósofo» allá, a su manera, el tío Lorenzo, y comprendía que vale más pájaro en mano... Para quien sabe agenciarse y vivir, América está en todas partes... ¡No me lo dijo pocas veces, cuando veía emigrar a los mozos! Y hasta aseguro yo una cosa, y la aseguro porque estoy en autos: que va ese hombre herido mortalmente por el golpe y la aflicción de dejar lo que tantos trabajitos le costó adquirir, porque si cree usted que allí hacía germinar las cosechas el abono, se equivoca: cada espiga era una gota de sudor y un átomo de voluntad del tío Lorenzo!...

—Pues si no se ha ido por necesidad ni por lucro, ¿a qué santo se fue ese hombre? —pregunté, sintiendo que mi curiosidad redoblaba.

—Se ha ido..., ¡verá usted!...: por nada; por una aprensión, por el fantasma de un daño..., por una palabra, por algo que se desvanece en aire. Se ha ido por una amenaza... ¡Una amenaza de muerte, eso sí! De veras espanta observar lo que labra en nuestro cuerpo la lima espiritual de una idea. ¿Usted recuerda al tío Lorenzo? ¿No le veía todos los años al pasar? Pues ya sabe que era un viejo de los que aquí llaman «rufos», colorado, listo como un rapaz, el primero en coger la azada y el último en soltarla, y chusco y gaitero él con las mozas, y amigo de broma, y sin un alifafe ni un humor, ni un dolor en los inviernos. Como que en diez años, que llevo aquí, solo una vez me avisó, para curarle una mordedura que le había dado en el hombro un burro muy falso, un garañón que tenía. Pues si le ve usted poco antes de embarcar, no cree usted que es el tío Lorenzo, sino su sombra o su cadáver. Se había quedado en los puros huesos; la ropa se le caía; la cara era del color de este papel de fumar, y los ojos los revolvía como los de un loco, así, a derecha e izquierda, y la cabeza así, mirando si venía alguien a herirle a traición...

—¿Y qué mala alma le había jurado la muerte a ese pobre diablo? —murmuré, para atajar las descripciones del médico.

—¡Sí, ahí está lo raro! —exclamó él, exaltado por los recuerdos—. Nadie, o poco menos que nadie; su propio yerno, un majadero, un pillete de la curia. El tío Lorenzo no tuvo de su matrimonio sino una hija, muchacha muy buena y apocadita, que se enamoró de un escribientillo de Brigancia, y contra gusto del padre se casó con él, muriéndose de allí a poco, porque su marido la maltrataba, que es lo más probable, o porque ella era de complexión delicadísima. No quedó sucesión. El tío Lorenzo, entonces, ya empezaba a prosperar, a hacer compras, a tener «pan y puerco.»

En éstas, el escribientillo se metió en no sé que gatuperios o trapisondas de falsificaciones, y le echaron de la notaría y de todas partes; se vio en la mayor miseria, y se acordó de su suegro, y se le presentó una mañana, mientras el tío Lorenzo andaba arando. ¿Le sacó o no le sacó, de aquella vez, tajada? En la aldea dicen que sí, porque después se le vio por las romerías bien portado, muy majo, de botas nuevas, jugando y empinando el codo. Pero ya sabe usted lo que son estas cosas:

el que chupó quiere seguir chupando. Parece que cuando el tunante ese volvió a pedir dinero, el suegro levantó la azada y se la enseñó, gruñendo: «Ahí tienes lo que te puedo dar: agarra ésta y suda como yo sudo, y comerás y lograrás remediarte.» Y el yerno, echando mano al bolsillo y empuñando una faca y abriéndola, contestó asimismo: «Pues en pago de eso que me das, te daré yo esto en las tripas; tan cierto como que se ha muerto mi padre. Suda y revienta y junta ochavos, que el día que estés más descuidado..., con esto te encuentras. Hasta la vista..., hasta luego.»

Y usted preguntará: «¿Era hombre el yerno de cumplir esta amenaza?» Pues aquí está lo bueno, y por qué dije que el tío Lorenzo emigró huyendo del fantasma de un daño, y no más que del fantasma. Nadie de los que conocen al escribiente le suponían con agallas para cometer un crimen; porque una cosa es chillar y echar una bravata, y otra hacer... Y, ¡quia! Si tampoco lo creía el tío Lorenzo. Es decir, no lo creía con la razón; pero como la razón es la que menos fuerza nos hace, y como la imaginación estaba impresionada, y como el tunante se dejaba ver en los alrededores y le rondaba la casa y se le presentaba de repente saliendo de tras un árbol, el tío Lorenzo empezó a guillarse..., ¡porque no somos nada, nada!, y le entró una especie de fiebre cotidiana y recuerdo que me llamó a consulta... ¡Una consulta bien original..., una consulta del alma!

«Oiga, don Fidel: yo estoy malo de una idea que se me ha agarrado... Y no piense: me hago cargo, señor, de que esta idea del demonio es una «tontidad»... Déme algo, don Fidel, porque puede ser que con una recetita se me quite; que yo he oído que estas cosas de la cabeza también se pueden quitar con remedios. Ello enfermedad parece, porque cuando me siento algo mejor conozco que estuve aloquecido, y que ni tengo pizca de miedo a ese trasto, ni él es hombre para ponerse conmigo cara a cara. Y si veo esto tan claro como la luz que nos alumbra, ¿en qué consiste que sueñe con «él» todas las noches, y de día, cuando salgo al trabajo, voy mirando siempre para atrás, y hasta juraría que siento que me meten una cosa fría por los lomos...? ¿Ve? Aquí, aquí; que me duele, que ni respirar me deja...» Yo, naturalmente, le desengañé. ¡Esto no se cura en la botica! Si fuese reúma, se lo quitaría con salicilato; si fuese dolor de costado, vejigatorios y sangría... Pero ¿cosa de allá del pensamiento? ¡Solo Dios! Y el tío Lorenzo, que en medio de todo era terne, me dijo así, unos días antes de la marcha: «Don Fidel, soy más hombre que ese malvado, y se me pone entre las cejas que lo que me cumple hacer es, antes que estar siempre con susto de que me mate, irme yo a él derecho y partirle la cabeza con el azadón... y dejarle en el sitio. Y ya no sueño con la muerte que él me dé, sino con dársela yo. Y tengo unas ganas atroces de verle tendido..., y como no quiero perderme..., ni condenarme..., ahí está, me voy a América..., vendo todo... ¡Al fin de mis años, a rodar por el mundo...» Y lloraba el viejo como un chiquillo al decirme esto..., que, vamos, me conmovió también a mí.

—Según eso, hizo bien en marcharse.

—¡Ay señora! —suspiró don Fidel—. Sí haría bien... Pero ¿qué sabemos? El hombre no puede huir de su suerte... Ayer, en el vapor alemán, he visto embarcarse al yerno, al de la amenaza, que estaba pereciendo de necesidad aquí..., y también se larga a Buenos Aires.

El Imparcial, 28 junio 1897.

Que vengan aquí...

En una de esas conversaciones de sobremesa, comparando a las diferentes regiones españolas, en que cada cual defiende y pone por las nubes a su país, al filo de la discusión reconocimos unánimes un hecho significativo: que en Galicia no se han visto nunca gitanos.

—¿Cómo se lo explica usted? —me preguntaron (yo sostenía el pabellón gallego).

—Como explica un hombre de inmenso talento su salida del pueblo natal (que es Málaga), diciendo que tuvo que marcharse de allí porque eran todos muy ladinos y le engañaban todos. En Galicia, a los gitanos los envuelve cualquiera. En los sencillos labriegos hallan profesores de diplomacia y astucia. Ni en romerías ni en ferias se tropieza usted a esos hijos del Egipto, o esos parias, o lo que sean, con sus marrullerías y su chalaneo, y su buenaventura y su labia zalamera y engatusadora... Al gallego no se le pesca con anzuelo de aire; allí perdería su elocuencia Cicerón.

—Se ve que tiene usted por muy listos a sus paisanos.

—Por listísimos. La gente más lista, muy aguda, de España.

Sobrevino una explosión de protestas y me trataron de ciega idólatra de mi país. Me contenté con sonreír y dejar que pasase el chubasco, y solo me hice cargo de una objeción, la que me dirigía Ricardo Fort, catalán orgulloso, con sobrado motivo, de las cualidades de su raza.

—Siendo así, ¿en qué consiste —preguntábame— que esa gente de tan superior inteligencia haya tenido tan mala sombra? ¿No es cierto, no lo deploran ustedes mismos, que Galicia se ha visto oscurecida y postergada? ¿Por qué razón Galicia no ha realizado ninguna empresa magna, ni en pro de la nacionalidad, ni aun en su propio beneficio; ni empezó la Reconquista, como Asturias; ni se declaró independiente, como Portugal; ni logró la sabia organización de los fueros, como Vasconia y Navarra; ni fue a dominar el Imperio de Bizancio, como nosotros y los aragoneses; ni vio armarse en sus puertos las carabelas de Colón; ni...?

—Basta —respondí, sonriendo—; con la Historia puede probarse todo. No me faltaría en ese terreno algún argumento; pero admito los de usted y no los discuto. Es más; confieso que a veces me he propuesto a mí misma ese enigma, y solo para mi uso particular lo he resuelto con una atrevida paradoja. Si no se asustan ustedes de paradojas, allá va...

Segura ya de que no se asustaban, continué así:

—Precisamente por exceso de inteligencia no hicieron los gallegos ninguna de esas cosas estupendas. A los pueblos, la excesiva inteligencia les perjudica. Lo que conviene es una masa de gente limitada, que siga dócilmente a un individuo genial. Cuando la multitud se pasa de lista, y discurre y percibe sutilmente, es dificilísimo guiarla a grandes empresas. La inteligencia ve demasiado el pro y el contra, y las consecuencias posibles de cada acto. La inteligencia mata la iniciativa; la inteligencia disuelve. Si la colectividad tiene pocas ideas y se aferra a ellas con tenacidad suma, hasta con fanatismo cerrado, podría brillar el heroísmo y nacer la epopeya. Reconozcan ustedes que para meterse en las carabelas de Colón; para lanzarse a surcar mares desconocidos, sin ningún fin ni provecho aparente, en medio de cien peligros, con la muerte al ojo..., había que ser... algo bruto. ¡Enseguida atrapan a un gallego en las carabelas de Colón! Con esta raza, dígame usted: ¿qué racha va a sacar el gitano?

—¿De modo que, según usted, los gitanos, en Galicia, no podrían «afanar» nada?

—¡«Afanar»! No les arriendo la ganancia si lo intentasen... Si hay en el gallego un instinto poderoso, es el de la defensa de su propiedad..., y como inmediata consecuencia, el de la «apropiación». Observen al labrador gallego cuando cultiva su heredad lindante con la ajena: a cada golpe de azadón añade una mota de tierra a su finca. El caso más curioso de cuantos he oído, que prueban este instinto de apropiación, es el que me refirieron poco ha. Trátase de un aldeano gallego que se apropió, noten el verbo, no digo robar, porque el robo es contra la ley, y el gallego, a fuer de listo, tiene profundo terror a la antifrástica «Justicia»; que se apropió, repito..., vamos, acierten ustedes lo que se apropiaría.

—¿Una casa? ¿Un hórreo?

—¿Un monte? ¿Un prado? ¿Un manantial?

—¡Bah! ¡Valiente cosa! Eso es el pan nuestro de cada día.

—¿Una mujer? ¿Un chiquillo?

—¡Quia! Nada; si es imposible que ustedes adivinen. Lo que mi héroe, el tío Amaro de Rezois, se apropió bonitamente fue... un toro.

—¿Un toro? Pero ¿un toro bravo? ¿Un toro de verdad?

—De verdad, y de Benjumea, retinto, astifino, de muchas libras y bastantes pies, que debía lidiar y estoquear el famoso diestro Asaúra en la corrida de los festejos de Marineda.

—Pero ¿eso es serio?

—Y tan serio. El episodio ocurrió del modo siguiente...

Todos prestaron redoblada atención, que al fin eran españoles y se trataba de un toro, y yo continué:

—Rezois es un valle muy pobre, a más de tres leguas al oeste de Marineda, entre los escuetos montes de Pedralas y la brava costa de Céltigos. La gente de Rezois, que no puede cultivar trigo, cría ganado en prados de regadío, lo embarca para el mercado de Inglaterra, vende leche y unos quesos gustosos, fresquecillos, y así va sosteniéndose, siempre perseguida por la miseria. Tal vez sea Rezois el punto de Galicia donde se conservan más fielmente el traje regional y las costumbres añejas, y el tío Amaro, con sus sesenta años del pico, ni un solo domingo dejó de lucir el calzón de rizo azul, el «chaleque» de grana, la parda montera y la claveteada porra, que jugaba muy diestramente.

Poseía el tío Amaro dos vacas, las joyas de la parroquia: amarillas, lucias, bondadosas, de anchos ojos negros, finas y apretadas pestañas y sonrosado y húmedo morro. Eran grandes paridoras y lecheras, y el suceso ocurrió en ocasión en que estaban vacías y acababa el tío Amaro de vender los ternerillos, ya criados, a buen precio. Tenía puesto el tío Amaro todo su orgullo en las vacas: y si cuando enfermaba la tía Manuela, legítima esposa del tío Amaro, se tardaba en avisar al engañador y sacacuartos del médico, hasta que el mal decía a voces: «soy de muerte», apenas las «vaquiñas» descabezaban de mala gana la hierba, ya estaba avisado el veterinario, porque, ¡válganos San Antonio milagroso!, los animales no hablan, y sabe Dios si tienen en el cuerpo espetado el cuchillo mientras parecen buenos y sanos...

La noche en que llegaron a Marineda los siete toros destinados a la corrida, uno de los mejores mozos, que atendía por Cantaor, aunque presumo que jamás hizo sino mugir, a la salida del tren se escamó de los cohetes y bombas que, para solemnizar las fiestas, disparaban de continuo, y sin que hubiese medio de evitarlo, tomó las de Villadiego, dejando en la confusión que es de suponer a los encargados de custodiarlo y encerrarlo. Se trató de indagar su paradero, pero ni rastro había quedado de Cantaor, que, como alma que lleva el diablo, iba cruzando sembrados y huertas. Y al amanecer del día siguiente pudiera vérsele descendiendo del monte de las Pedralas al encantador vallecito de Rezois, oasis de verde hierba, que enviaba a los morros abrazados de la res emanaciones deliciosas.

Aunque el Sol naciente no había transpuesto el cerro, ya andaba el tío Amaro pastoreando sus vacas por el prado húmedo de rocío. De pronto, sobre la cumbre vio destacarse en el cielo gris la oscura masa de la fiera. El tío Amaro se persignó de asombro al ver un buey tan enorme y tan rollizo. Y Cantaor, ebrio de entusiasmo al divisar las dos lindas vacas, se precipitó al valle, no sin que el labriego, adivinando rápidamente las pecaminosas intenciones del que ya no tenía por buey, tirase de la cuerda y se llevase a las odaliscas hacia el corral, cuya puerta abría sobre el prado. Un vallado de puntiagudas pizarras detuvo al toro, y mientras salvaba el obstáculo, el tío Amaro y las vacas se acogieron a seguro. Sin embargo, el labriego reflexionaba, y se le ocurría la manera de sacar partido de la situación.

Prontamente encerró en el establo a una de las vacas, y, dejando a la otra fuera, se apostó tras la cancilla del corral, como si fuese un burladero. Cuando el toro, ciego de amor, se lanzó dentro, el tío Amaro cabalgó en la pared, saltó al otro lado y trancó exteriormente, con vivacidad, la cancilla.

Lo demás lo adivinarán ustedes. No fue difícil, entreabriendo por dentro la puerta del establo, recoger a la vaca. En cuanto al toro, allí se quedó en el corral, preso y enchiquerado.

El tío Amaro salió aquella misma tarde hacia Marineda, y vendió al empresario el hallazgo del toro nada menos que en cincuenta duros, porque se negaba a descubrir el escondrijo, se quejaba de graves perjuicios en su casa y bienes, y de estos daños el empresario había de responder ante los tribunales.

Y ahí tienen ustedes cómo al tío Amaro de Rezois le valió mil reales el cruzar sus vacas con la casta de Benjumea... ¿Verdad que para la costumbre que hay en Galicia de ver toros y de entender sus mañas, y de lidiarlos, el tío Amaro no anduvo torpe ni medroso?

El trueque

Al entrar en el bosque, el perro ladró de súbito con furia, y Raimundo, viendo que surgía de los matorrales una figura que le pareció siniestra, por instinto echó mano a la carabina cargada. Tranquilizóse, sin embargo, oyendo que el hombre que se aparecía así, murmuraba en ansiosa y suplicante voz:

—Señorito, por el alma de su madre...

Raimundo quiso registrar el bolsillo; pero el hombre, con movimiento que no carecía de dignidad, le contuvo. No era extraño que Raimundo tomáse a aquel individuo por un pordiosero. Vestía ropa, si no andrajosa, raída y remendada, y zuecos gastadísimos. Su rostro estaba curtido por la intemperie, rojizo y enjuto; y sus ojos llorosos, de párpado flojo, y su cara consumida y famélica, delataban no solo la edad, sino la miseria profunda.

—¿Qué se ofrece? —preguntó Raimundo en tono frío y perentorio.

—Se ofrece..., que no nos acaben de matar de hambre, señorito. ¡por la salud de quien más quiera! ¡Por la salud de la señorita y del niño que acaba de nacer! Soy Juan, el tejero, que lleva una «barbaridá» de años haciendo teja ahí, en el monte del señorito...

Me ayudaba el yerno, pero me lo llevó Dios para sí, y me quedé con la hija preñada y yo anciano, sin fuerzas para amasar... Y porque me atrasé en pagar la renta, me quieren quitar la tejera, señorito..., ¡la tejera, que es nuestro pan y nuestro socorro...!

Raimundo se encogió de hombros, ¿Qué tenía que ver él con esas menudencias de pagos y de apremios? Cosas del mayordomo. ¡Que le dejasen en paz cazar y divertirse!... Lo único que se le ocurrió contestar al pobre diablo fue una objeción:

—Pero ¡si al fin no puedes trabajar! ¿De qué te sirve la tejera?

—Señorito, por las ánimas..., oiga la santa verdá... He buscado un rapaz que me ayuda, y ya lo tengo ajustado en cuatro reales..., y en poniéndonos a «sudar el alma», yo a dirigir, él a amasar y cocer, pagamos... allá para Año Nuevo..., la «metá» de la deuda. Yo no pido limosna, señor, que lo quiero ganar con mis manos... ¡Acuérdese que todos somos hombres mortales, señorito!, y que tengo que tapar dos bocas: la hija parida y el recien... La hija, por falta de «mantención», se me está quedando sin leche, señorito, porque en no teniendo, con perdón, que meter entre las muelas, el cuerpo no da de suyo cosa ninguna, ni para la crianza ni para el trabajo...

Impaciente, Raimundo fruncía el ceño; le estaban malogrando la ocasión favorable de tirar a las codornices; y al fin, él no sabía palotada de esas trapisondas. Hizo ademán de desviar al viejo, el cual continuaba atravesado en el camino, y refunfuñó:

—Bien, bien; yo preguntaré a Frazais... Veremos que me dice de toda tu historia...

¡A Frazais! ¡Al mayordomo implacable, al exactor, a la cuña del mismo palo, al que se reía de las necesidades, las desdichas y las agonías del pobre! La esperanza de Juan, el tejero, súbitamente, se apagó como vela cuando la soplan; reprimió un suspiro sollozante, una queja furiosa y sorda; alzó la cabeza, y apartándose sin decir palabra, caló el abollado sombrero y desapareció entre el castañar, cuyo ramaje crujió lo mismo que al paso de una fiera...

Vagando desesperado, sin objeto alguno, triste hasta la muerte, encontróse Juan, después de media hora, en el parque de la quinta, que lindaba con la tejera, y se paró al oír una voz fresca que gorjeaba palabras truncadas y cariñosas. Al través de los troncos de los árboles vio sentada en un banco de piedra a una mujer joven, dando el pecho a una criatura. Bien conocía Juan a la nodriza: era la Juliana, la de Gorio Nogueiras; pero ¡qué maja, qué gorda, que diferente de cuanto «sachaba» patatas ayudando a su marido! ¡Nuestra señora, lo que hace la «mantención»! El seno que Juliana descubría, y sobre el cual caía de plano el Sol en aquel instante, parecía una pella de manteca, blanca y redonda...

Y Juan, acordándose de que su hija se iba secando, oía con indescriptible rabia el «glu, glu...» del chorrito regalado de dulce leche que se deslizaba por entre los labios del pequeñuelo, el hijo del señorito Raimundo, y que le criaría unas carnes más rollizas aún que las de Juliana, unas carnes de rosa, tiernas como las de un lechoncillo...

Mientra Juan contemplaba el grupo, sintiendo tentaciones vehementes, absurdas, de salir y hacer «una barbaridá», para vengarse de los que no les importaban que reventasen los pobres; un hombre, un labrador, se deslizaba furtivamente hasta el banco donde Juliana daba el pecho. Juan le reconoció y comprendió: era el marido del ama, Gorio Nogueiras; y el no mostrar Juliana sorpresa alguna, y la expresiva acogida que hizo al recién llegado, le probaron que los cónyuges tenían por costumbre verse y hablarse así, a escondidas, en aquel retirado lugar.

Juliana, prontamente, había retirado el seno de los bezos del mamón, y, descubierta la diminuta faz de este, iluminada por el Sol claro, Juan se sorprendió: el hijo del señorito Raimundo se asemejaba a su nieto, al nieto del tejero, como un huevo a otro; todos los niños pequeños se parecen; pero aquellos dos eran exactamente idénticos: los mismos ojos azulinos, la misma nariz algo ancha, la misma tez de nata de leche, la misma plumilla rubia saliendo de la gorra y cayendo en dos mechones ralos sobre la frente abultada.

¡Qué iguales los ricos a los pobres, mientras no empieza la «esclavitú» del trabajo y la falta de «mantención»! Juan, cavilando así, adelantó dos pasos para ver mejor; las hojas crujieron..., y Juliana y Gorio, espantados, se echaron de rodillas a punto menos, para rogarle por caridad que no los descubriese, que no contase que los había visto... ¡Hablar un marido con su mujer no es pecado ninguno, cacho! —exclamaba Gorio, interpelando al tejero para que le diese la razón—. ¿Cuándo se ha visto entre cristianos privar al marido de la vista de la mujer?

—No pasar cuidado —declaró Juan—; que por mí, ni esto han de saber los amos... Allá ellos que se «auden», que nós nos «audamos» también... No somos espías, hombre, ni vamos a echar a pique a nadie... ¡Ir yo con el cuento! Antes me corten el gañote... Y si queredes estar en paz y en gracia de Dios, yo vos llevo el chiquillo ahí a mi casa... Allí lo poderás recoger, Juliana, que te lo entretendremos... Ya sabes el camino; detrás de los castaños, tornando a la derecha...

—¿Y si llora la joyiña de Dios? —preguntó Juliana con la involuntaria e instintiva solicitud de la nodriza por el crío.

—Si llora, la hija mía le da teta... Criando está como tú... —respondió decisivamente el viejo Juan, en cuyos ojos lacrimosos y ribeteados lució una chispa de voluntad diabólica. Y cogiendo al niño cuidadosamente, meciéndole y diciéndole cosas a su modo, se alejó rápidamente, dejando a los esposos libres y satisfechos.

Tres cuartos de hora después, Juliana, sola, inquieta, muy recelosa de que al volver a casa le riñesen por la tardanza, pasó a recoger el niño en la casucha del tejero, mísera vivienda desmantelada, donde el frío y la lluvia penetraban sin estorbo por la techumbre a teja vana y por las grietas y agujeros de las paredes. No necesitó entrar: a la puerta, que obstruían montones de estiércol y broza, sobre los cuales escarbaban dos flacas gallinas, la esperaba ya el tejero con la criatura en brazos, arrullándola para que no lloriquease...

—¡Ay riquiño, que soledades tenía de mí; que mala cara se le «viró». ¡Si «hastra» más flaco parece! ¡Si a modo que se le cae la ropa! —chilló apurada la nodriza apoderándose del niño y apresurándose a desabrocharse para ofrecerle un consuelo eficaz de su momentáneo abandono...

—Ya se le «virará» buen color con el tiempo, mujer, ya se le «virará» —afirmó filosóficamente el viejo.

Y mientras la mujer, azorada, estrechando y alagando al angelito, corría en dirección a la quinta, Juan, el tejero, sonreía con su desdentada boca, y se restregaba las secas manos, pensando en su interior: A nosotros nos echarán y nos iremos por el mundo pidiendo una limosnita... pero lo que es el nieto mío, pasar no ha de pasar necesidá; y el hijo de los amos..., ese, que «adeprenda» a cocer teja cuando tenga la edá..., si llega a tenerla, que ¡sábelo Dios! En casa del pobre muérense los chiquillos como moscas...»

Blanco y Negro, núm. 331, 1897.

«La Camarona»

Blandos marinistas de salón, que sobresalís en los «cuatro toques» figurando una lancha con las velas desplegadas, o un vuelo de gaviotas de blanco de zinc sobre un firmamento de cobalto; y vosotros, platónicos aficionados al deporte náutico, los que pretendéis coger truchas a bragas enjutas..., no contempléis el borrón que voy a trazar, porque de antemano os anuncio que huele a marea viva y a yodo, como las recias «cintas» y los gruesos «marmilos» de la costa cántabra.

¿Dónde nació la Camarona? En el mar, lo mismo que Anfítrite..., pero no de sus cándidas espumas, como la diosa griega, sino de su agua verdosa y su arena rubia. La pareja de pescadores que trajo al mundo a la Camarona habitaba una casuca fundada sobre peñascos, y en las noches de invierno el oleaje subía a salpicar e impregnar de salitre la madera de su desvencijada cancilla. Un día, en la playa, mientras ayudaba a sacar el cedazo, la esposa sintió dolores; era imprudencia que tan adelantada en meses se pusiera a jalar del arte; pero, ¡qué quieren ustedes!, esas delicadezas son buenas para las señoronas, o para las mujeres de los tenderos, que se pasan todo el día varadas en una silla, y así echan mantecas y parecen urcas. La pescadora, sin tiempo a más, allí mismo, en el arenal, entre sardinas y cangrejos, salió de su apuro, y vino al mundo una niña como una flor, a quién su padre lavó acto continuo en la charca grande, envolviéndola en un cacho de vela vieja. Pocos días después, al cristianar el señor cura a la recién nacida, el padre refunfuñó: «Sal no era menester ponérsela, que bastante tiene en el cuerpo.»

Los juguetes de la niña fueron «navajas», almejas y «berberechos», desenterrados en el arenal cuando se retiraba la marea; su biberón para el destete, la amarga «salsa»; su mayor recreo, que le permitiesen agazaparse en el fondo de la lancha cuando salía a la pesca del «Múgil» o a levantar los «palangres» que sujetan al congrio. A la escuela, ni intentaron llevarla, ni ella iría sino entre civiles: a la iglesia si que solía asistir, porque la gente pescadora ve tan a menudo cerca la muerte, que se acuerda mucho de Dios y la siente mejor que los labriegos y que los señores. Si los padres de la Camarona rezaban atropellado y mal, creían bien, y la chiquilla antes se deja quitar un ojo que el escapulario mugriento de Nuestra señora de la Pastoriza.

¿Que quién le puso el apodo de la Camarona? No se sabe. Tal vez la llamaron así porque a los siete años vendía «pajes» de camarones, mientras su madre despachaba pesca de más valor; tal vez porque era bien hecha, firme y colorada como estos diminutos crustáceos (después de cocidos; no se figure algún malicioso que considero al camarón, si no el «cardenal», el «monaguillo» de los mares). Lo cierto es que Camarona fue para todo el mundo, y su verdadero nombre de Andrea, testimonio de la gran devoción que a San Andrés profesan los marineros, cayó tan en desuso, que no lo recordaba ella misma.

A los quince años la Camarona no quería salir de la lancha, donde ayudaba a su padre y hermanos en la ruda faena. Los hermanos, celosillos y burlones, la desviaban, la querían avergonzar. «Tú, a remendar las redes, papulita», decían intentando imponerse por la fuerza. «Eso vosotros, mariquillas», respondía ella, autorizando con un soberano remoquete su alarde de desprecio. Y agachaban la cabeza, por que la Camarona era, ya que no más forzuda, más arriscada y batalladora. Cuando otras hijas de pescadores se metían con ella, mofándose porque salía a la mar y remaba y cargaba las velas y agarraba la caña del timón, la Camarona sabía enseñar a aquellas mocosas cuántas son cinco... y a qué saben cinco dedos de una robusta mano, ya encallecida, aplicados con brío a las frescas carnazas de una moza insolente...

Vinieron las quintas y se llevaron a dos hijos del pescador; casóse otro, y por intrigas de su mujer riñó con los padres, y ahí tenéis como la Camarona quedó sola para remar, ayudando al patrón, ya viejo, en la lancha desbaratada por los golpetazos y las «crujías». Hubo que contratar a un marinero dándole parte en lances y ganancias..., y el mozo, que se llamaba Tomás, empezó a suspirar profundo cada vez que miraba a la Camarona inclinada hacia el remo y enarcando el brazo para pujar firme.

Hay que advertir que la Camarona era entonces un soberbio pedazo de chica. Imaginadla, ¡Oh, pintores!, con su cesta de sardinas en equilibrio sobre la cabeza; su saya corta de bayeta verde, que en la cadera forma un rollo; sus ágiles y rectas piernas desnudas: su gran boca bermeja, como una herida en un coral, sus dientes blancos y lisos a manera de guija que las olas rodaron; sus negros ojos pestañudos, francos, luminosos; su tez de ágata bruñida por el Sol y la brisa de los mares. La salud y la fuerza rebrillaban en sus facciones y se delataban a cada movimiento de su duro cuerpo virginal. Así es que no era únicamente Tomás el marinero quien por ella suspiraba. También la perseguía Camilito, hijo mayor de la fomentadora, dueña de la fábrica de conservas. Cada vez que la Camarona iba a llevar a la fábrica un cesto de calamares, salía el mozalbete a recibirla, y, arrinconándola en una esquina del cobertizo donde se deposita la pesca, le decía vehementes palabras, le echaba flores, le ofrecía regalos y dinero, sin obtener más que risas y rabotadas, cuando no algún soplamocos que le dejaba perdido de escama de sardina.

Un día la madre de la Camarona llamó a su hija y le dijo con misterio:

—Se nos ha entrado la fortuna por las puertas, rapaza.

—¿Pues qué hay? —contestó ella desdeñosamente.

—Que te quiere don Camiliño.

—Para hacer burla de mí.

—No panfilona... Para se casar.

—Pues dígale que no tengo ganas. ¡Ahora, eso! Camarona nací y Camarona he de morir. Otras que la echen de señoras. A mí, si me hacen fondear en una sala, a los dos meses me entierran.

—Dice que te pondrá coche, animala, bruta —gritó enfurecida la madre.

—Mientras no me ponga un barco... —replicó, impávida, la Camarona, ignorando que al expresar este deseo se confirmaba a los últimos decretos de moda y lujo. El yacht propio.

Tanto persiguieron y apretaron los codiciosos padres a la Camarona para que aceptase la suerte y las riquezas de don Camilito, que la moza, incapaz de resignarse, adoptó un recurso heroico. Ella misma se explicó con el encogido de Tomás, que no le gustaba ni pizca, pero que al fin era cosa de mar, un pescador como ella, empapado en agua salobre y curtido por el aire marino, que trae en sus ondas vida y vigor. Y se casaron, y la pareja de gaviotas se pasa el día en la lancha, contenta, porque al ave le gusta su pobre nido. El hijo que lleva en sus entrañas la Camarona no nacerá en el arenal, como nació su madre, sino a bordo.

Blanco y Negro, núm. 253, 1896.

Viernes Santo

Fue el cura de Naya, hombre comunicativo, afable y de entrañas excelentes, quien me refirió el atroz sucedido, o por mejor decir, la serie de sucedidos atroces, que apenas creería yo, a no aclararse y explicarse perfectamente por el relato del párroco, las veladas indicaciones de la prensa y los rumores difundidos en el país. Respetaré la forma de la narración, sintiendo no poder reproducir la expresión peculiar de la fisonomía del que narraba.

—Ya sabe usted-dijo-que, así como en Andalucía crece la flor de la canela, en este rincón de Galicia podemos alabarnos de cultivar la flor de los caciques. No sé cómo serán los de otras partes; pero, vamos, que los de por acá son de patente. Bien se acordará usted de aquel Trampeta y aquel Barbacana que traían a Cebre convertido en un infierno. Trampeta ahora dice que se quiere meter en pocos belenes, porque ya no le ahorcan por treinta mil duros, y Barbacana, que está que no puede con los calzones, como se la tenían jurada unos cuantos y salvó milagrosamente de dos o tres asechanzas, al fin ha determinado irse a pasar la vejez a Pontevedra, porque desea morir en su cama, según conviene a los hombres honrados y a los cristianos viejos como él. ¡Ja, ja...!

Retirados o poco menos esos dos pejes, quedó el país en manos de otro, que usted también habrá oído de él: Lobeiro, que en confianza le llamábamos Lobo, y ¡a fe que le caía! Yo, si usted me pregunta en qué forma consiguió Lobeiro apoderarse de esta región y tenerla así, en un puño, que ni la hierba crecía sin su permiso, le contestaré que no lo entiendo; porque me parece increíble que en nuestro siglo, y cuando tanto cantan libertad, se pueda vivir más sujeto a un señor que en tiempos del conde Pedro Madruga. No, no hay que echar baladronadas; yo era el primerito que agachaba las orejas y callaba como un raposo. Uno estima la piel, y aún más que la piel, si a mano viene, la tranquilidad.

A veces me ponía a discurrir, y decía para mi sotana: «Este rayo de hombre, ¿en qué consiste que se nos ha montado a todos encima, y por fuerza hemos de vivir súbditos de él, haciendo cuanto se el antoja, pidiéndole permiso hasta para respirar? ¿Quién le instituyó dueño de nuestras vidas y haciendas? ¿No hay leyes? ¿No hay Tribunales de justicia?» Pero mire usted: todo eso de leyes es nada más que conversación. Los magistrados, suponiendo que sean justificadísimos, están lejos, y el cacique cerca. El Gobierno necesita tener asegurada la mecánica de las elecciones, y al que les amasa los votos le entregan desde Madrid la comarca en feudo. A los señores que se pasean allá por el Prado y por la Castellana, sin cuidado les tiene que aquí nos am... ¡Ay! Tente, lengua, que ya iba a soltar un disparate.

Pues volviendo al caso, Lobeiro, así para el trato de la conversación, era un hombre antipático, de pocas palabras, que cuando se veía comprometido, se reía regañando los dientes, muy callado, mirando de través. No se fíe usted nunca del que no ríe franco ni mira derecho: muy mala señal. La cara suya parecía el Pico Medelo, que siempre anda embozado en «brétemas». Lo único a que el diaño del hombre ponía un gesto como ponen las demás personas, era a su chiquilla, su hija única, que por cierto no se ha visto cosa más linda en todo este país. La madre fue en tiempos una buena moza; pero la rapaza..., ¡qué comparación! Un pelo como el oro, un cutis que parecía raso, un par de ojos azules con dos estrellas... ¡Micaeliña! ¡Lo que corrí tras ella en la robleda el día del patrón de Boán! Porque a la criatura le rebosaba la alegría, y Lobeiro, al oírla reír, cambiaba de aspecto, se volvía otro.

Solo que, por desgracia, esta influencia no pasaba de los momentos en que tenía cerca a la criatura. El resto del año, Lobeiro se dedicaba a perseguir a Fulano, empapelar a Ciciano, sacarle el redaño a éste y echar a presidio a aquél. ¿Usted no ha leído el Catecismo del labriego, compuesto por el tío Marcos de Portela, doctor en teología campestre? Pues el tipo de secretario que allí pinta, el de Lobeiro clavadito: criado para infernar la vida del labriego infeliz, hartarle de vejaciones y disputar la triste corteza de pan amasada con su sudor, único alimento de que dispone para llevar a la boca. Y repare usted lo que sucedía con Lobeiro: hoy hace una picardía, y le obedecen como uno; mañana hace diez, y ya le rinden acatamiento como diez; al otro día un millón, y como un millón se impone. Empezó por chanchullos pequeñitos, de esos que se hacen en el Ayuntamiento a mansalva: trabucos de cuentas, recargos de contribución, reparto ab libitum y lo demás de rúbrica. Poco a poco, la gente aguantando y él apretando más, llega el caso de que me encuentro yo a un infeliz aldeano en un camino hondo, llevando de la cuerda su mejor ternero. «Andrés, ¿a dónde vas con el cuxo? Feria hoy no la hay.» «¿Qué feria ni feria, señor abad?» «¿Pues entonces...?» «Señor abad, por el alma de quien le parió, no diga nada. El cuxiño es para ese condenado de Lobeiro, que me lo mandó a pedir, y si no se lo entrego, me arruina, acaba conmigo, y hasta muero avergonzado en la cárcel.» Y el pobre hombre, cuando me lo decía, tenía los ojos como dos tomates, encarnizados de llorar. ¡Ya comprende usted lo que es para el labriego su ganado! Dar aquel ternero era, en plata, dar las telas del corazón.

Solo una cosa estaba segura con Lobeiro: la honra de las mujeres; y no por virtud, sino porque no cojeaba de ese pie. Algunos de sus satélites, en cambio, bien se desquitaban. ¿Que si tenía satélites? ¡Madre querida!, una hueste organizada en toda regla. Usted no dejará de recordar que cuando apareció en un monte el mayordomo del marqués de Ulloa, hace ya algunos años, seco de un tiro, todo el mundo dijo que lo había mandado matar el cacique Barbacana, y que el instrumento era un bandido llamado el Tuerto de Castrodorna, que lo más del tiempo se lo pasaba en Portugal, huyendo de la Justicia. Pues esa joya del Tuerto la heredó Lobeiro, solo que mejoró el procedimiento de Barbacana, y en vez de un forajido reclutó una cuadrilla perfectamente montada, con su santo y seña, con consignas, su secreto, sus estratagemas y su táctica para verificar las sorpresas y represalias de un modo expeditivo y seguro. Nosotros teníamos esperanza de que, al acabarse las trifulcas revolucionarias y las guerras civiles, mejoraría el estado del país y se afianzaría la seguridad personal. ¡Busca seguridad! ¡Busca mejoras! Lo mismo o peor anduvieron las cosas desde la restauración de Alfonso, y si me apuran, digo que la Regencia vino a darnos el cachete. Antes, unos gritaban: «¡Viva esto!»; los otros: «¡Viva aquéllo!»; que República, que don Carlos... Eran ideas generales, y parece que criaban menos saña entre unos y otros. Hoy únicamente estamos a quién gana las elecciones, a quién se hace árbitro de esta tierra..., y todos los medios son buenos, y caiga el que cayere. Total, como decimos aquí: salgo de un soto y métome en otro..., pero más oscuro.

Como íbamos contando, la pandilla de Lobeiro empezó a ser el terror del país. Tan pronto veíamos llamas..., ¿qué ocurre? Pues que le queman el pajar, y el alpendre, y el hórreo, y la casa misma, al Antón de Morlás o al Guillermo de la Fontela. Tan pronto aparece derrengado, molido a palos, uno que no se quiso someter a Lobeiro en esto o en lo de más allá..., y cuando le preguntan quién le puso así, responde una mentira: que rodó de un vallado o se cayó de una higuera cogiendo higos..., señal de que si revela la verdad, sentenciado está a pena más grave. Por último, un día se nota la desaparición de cierto sujeto, un tal Castañeda, alguacil; ni visto ni oído, como si se evaporase. La voz pública (muy bajito) susurra que ese hombre le estorbaba a Lobeiro o se le había opuesto en un amaño muy gordo. Se espera una semana, dos, tres, que parezca el cadáver, o el vivo, si vivo está aún; nada. La viuda hace registrar el Avieiro, incluso el pozo grande; mira debajo de los puentes, recorre los montes... Ni rastro. Igual que si se lo hubiese tragado la tierra. Y probablemente así sería. ¡Un hoyo es tan fácil de abrir!

Este Castañeda tenía un sobrino, muchacho templado, como que allá en sus mocedades proyectaba dedicarse a la carrera militar, y luego, por no separarse de su madre, que iba vieja, y de una hermana jovencita, prefirió quedarse en el país y vivir cuidando de unos bienecillos que le correspondían por su hijuela, y de los de la hermana y la madre. Él era así... un anfibio, medio señor y medio labrador, y en el país, como todo el mundo tiene su apodo, le conocían por el de Cristo. ¿Dice usted que un novelista de Francia llama Cristo a uno de sus personajes? Pues mire: ese, de fijo, lo inventará; yo, no; tan cierto es como que usted está ahí sentada oyendo este caso. En el susodicho apodo —atienda usted bien— está mucha parte del intríngulis de la historia. ¿Que por qué le pusieron ese alias? No lo sé a derechas; creo que por parecerse en la cara y la barba larguirucha a un Cristo muy grande y muy devoto que se venera en el santuario de Boán.

De modo que el bueno de Cristo, no bien supo la desaparición de su tío Castañeda, no se calló, como los demás, como la misma infeliz viuda, que temblaba que, después de suprimirle al marido, le pegasen fuego a la casita y la echasen en sus últimos años a pedir limosna. En las ferias y en las romerías, en el atrio de la iglesia y en la botica de Cebre, el muchacho alzó la voz cuanto pudo, clamando contra la tiranía de Lobeiro y diciendo que el país tenía que hacer un ejemplo con él: «¡Cazarle lo mismo que a un lobo, para que escarmentasen los demás lobos que se estaban criando en la madriguera, dispuestos a devorarnos!» Decía que estas cosas, no suceden sino en el país que las sufre; que donde los hombres tienen bragas no se consienten ciertos abusos; que en Aragón o en Castilla ya le habrían ajustado a Lobeiro la cuenta con el trabuco o la navaja; que si el cacique se le ponía delante, él, aunque se perdiese y dejase desamparadas madre y hermanita, era capaz de arrancarle los dientes a la fiera. Al pronto le oíamos asustados; pero como todo se pega, y el valor y el miedo, en particular, son contagiosos lo mismo que el cólera, iba formándose alrededor de Cristo un núcleo de gente que le daba la razón, diciendo que por todos los medios había que descartarse de Lobeiro y conjurar aquella plaga. Los gallegos no somos cobardes, ¡quia! Lo que nos falta, a veces, es la iniciativa del valor. Necesitamos uno que empiece, y, ¡zas!, allá seguimos de reata. Cristo iba sumando voluntades, y conforme pasaba el tiempo y veían que de hablar así no se le originaba perjuicio alguno, la algarada crecía, y el cacique intimidado, en nuestro concepto, por haber encontrado al fin quien le presentase la cara, andaba mansito y derecho: como que pasaron más de tres meses sin sabérsela ninguna fechoría mayor. ¡Respirábamos!

El día de la feria grande de Arnedo, que es en abril, antes de la Semana Santa, volvía yo a mi parroquia, después de pasar el rato bebiendo un poco de tostado y comiendo unas rosquillas, cuando a poca distancia del pueblo empareja con mi mula la yegüecilla de Ramón Limioso (usted le conoce: el señorito del pazo, un caballero cumplidísimo), y me pregunta, con no sé qué retintín: «Y Cristo, ¿le ha visto usted en la feria?» «¿Cristo? No, no le encontré... por ninguna parte.» «¿Tampoco en el mesón?» «Tampoco.» «¿A qué horas vino usted?» «Tempranito: a las siete ya andaba yo por Arnedo.» «¿Sabe que me choca?» «¿Y por qué ha de chocarle?» «Porque estábamos citados: él quería deshacerse de su jaco, y yo le vendía mi toro, o se lo cambalachaba; según.» «¡Bah! Cristo es un rapaz todavía; aún no ha cumplido los treinta... ¡Sabe Dios por dónde anda a estas horas!» «No, Eugenio; pues yo le digo que me choca, que me escama.» «Aún vendrá, hombre. Son las tres, y hasta las seis o siete de la tarde no se deshace la feria.»

Ramón Limioso meneó la cabeza, y sin hacer otra objeción, volvió grupas hacia Arnedo. Ni me fijé ni me acordé más del asunto, hasta que a las veinticuatro horas me llegó el primer runrún de la desaparición de Cristo. El mismo misterio que en lo de su tío Castañeda: ni rastro del muchacho por ninguna parte. La madre nadaba como loca, pregunta que te preguntarás, de casa en casa; la hermana salía de un ataque nervioso para caer en un síncope; la Justicia local, como de costumbre, se lavaba las manos —imposible parece que así y todo las tenga tan puercas—, y del chico, ni esto. Por fin, al cabo de una semana, lo que es aparecer, apareció... Pero ¿dónde? Metido en un hórreo, en descomposición, hecho una lástima... Son pormenores horribles; bueno, se trata de que se imponga usted de cómo había ocurrido la cosa. Yo vi el cadáver y me convencí de que no había exageración ninguna en lo que se refirió después. Debían de haberle atormentado mucho tiempo, porque estaba el cuerpo hecho una pura llaga: a mí se me figura que lo azotaron con cuerdas, o que lo tundieron a varazos: las señales eran a modo de rayas o verdugones en el pellejo. Para acabarlo, le dieron un corte así, en la garganta. El rostro desfiguradísimo; solo una madre —¡pobre señora!— reconoce y se determina a besar un rostro semejante.

Sí, estoy conforme: es una infamia, un crimen que clama al Cielo, lo que usted guste... Pero usted también va a convenir conmigo. También va a decir que todo ello es moco de pavo en comparación del último refinamiento salvaje, de que no tiene noticia aún. Porque matar, atormentar, se llama así, atormentar y matar, y se acabó; pero cómo se llama el escarnio, la befa más inconcebible, el reto a Dios, que consiste en lo siguiente: elegir para dar tal género de muerte a ese hombre que la gente apodaba Cristo..., elegir..., ¿qué día del año piensa usted? ¡El Viernes Santo!

....
Pecador soy como el que más —prosiguió el párroco de Naya con la voz y el gesto transformados por una seriedad profunda—; pecador soy, indigno de que Dios baje a estas manos; no tengo vocación de santo, como el cura de Ulloa; ni me gusta echar sermones con requilorios, como el de Xabreñes; pero en semejante ocasión, al enterarme de la monstruosidad, no sé qué hormigueo me entró por el cuerpo, no sé qué vuelta me dio la sangre, ni qué luminarias me danzaron delante de los ojos..., que, vamos, al pino más alto del pinar de Morlán me subiría para gritar: «¡Maldición y anatema sobre Lobeiro!» ¡La plática que les encajé a mis feligreses el domingo! Ni Isaías..., «fuera el alma». Con un arrebato

y un fuego que aún hoy me asombra, les dije que Dios, al parecer, se hace el ciego y el sordo; pero es como quien calla para enterarse mejor; que ningún crimen se le oculta, que la sangre de Abel siempre grita venganza, y que me creyesen a mí, que, a fe de Eugenio, nadie se quedaría sin su merecido, y por medios inescrutables, pero seguros, cuando estuviese más descuidado. «Quien fosa cava, en ella caerá», me acuerdo que grité como un energúmeno. Por supuesto, que era hablar por no callar: tanto sabía yo del castigo dichoso como de la primera camisa que vestí; solo que en aquel entonces, de veras me parecía que así iba a suceder, que Lobeiro estaba emplazado, y que la inspiración hablaba por mi boca, Spiritus ejus in ore meo.

Poco a poco se fue acallando el rebumbio del asesinato de Cristo. La madre y la hermana, convertidas en dos sombras, flaquitas y de riguroso luto, eran el único recuerdo que quedaba de la tragedia. En la gente siempre fermentaba el odio contra el cacique, pero lo comprimía el temor. Es de advertir que por entonces «los» de Lobeiro cayeron, y necesariamente el maldito, no teniendo la sartén por el mango, se reportó en sus exacciones y sus iniquidades. El país revivió unas miajas. El bando de Trampeta aleteó. Lobeiro, en el interregno, se dedicó a una ocupación pacífica: construir su casa, que era muy vieja y ya mezquina para las exigencias de su nueva posición; porque la fortuna del cacique había crecido mucho y su mujer, amiga de lujos, de comilonas y de tirar de largo, le metió en la cabeza hacer vivienda nueva, la verdad, con todos sus perendengues: dos pisos de piedra sillar, magnífica, ventanas con unas rejas imponentes, puerta como la de un castillo, su gran escalera, su sala de recibir, su cocina hermosísima... ¡Una casa digna de Orense! En el país se hablaba mucho de tal edificio, y de la seguridad que ofrecía, y de las precauciones que revelaba aquel modo de edificar, precauciones tomadas para defensa contra lo que temía el cacique, que había hecho muchas, y no podía menos de andar prevenido. Enemigos, a miles se le podían contar; y, sin embargo, como el hombre se mantenía agachado, nadie se metía con él, temeroso de despertar a la fiera. El gran alboroto fue el que se armó cuando de repente —sin que lo barruntásemos— se volcó la tortilla y subió nuevamente al poder el partido de Lobeiro.

¡Madre mía, Virgen del Corpiño, el espanto que cayó sobre nosotros! ¡Lobeiro otra vez mandando, rey otra vez de la comarca; otra vez a su disposición la hacienda, la tranquilidad, la vida de todos; otra vez los cadáveres en los hórreos, o en el fondo del Avieiro, o en un hoyo profundo, allá por las asperezas de algún pinar! ¿Quién sosegaba?¿Quién dormía tranquilo?¿Quién estaba seguro de no perecer martirizado?

Usted se va a reír si le digo una cosa. No, no se reirá; al contrario, se hará cargo mejor que nadie, porque tiene costumbre de reflexionar sobre estas singularidades propias de la naturaleza humana. El miedo, a veces, es el mejor agente del valor. Sí; por miedo se cumplen actos de heroísmo; por canguelo se realizan determinaciones que en estado normal nos ponen los pelos de punta. Una persona que se ve rodeada de llamas, o teme que el incendio se propague y le pille encerrada en una habitación y el humo la asfixie, no se encomienda a Dios ni al diablo para arrojarse de un quinto piso a la calle, aunque se estrelle. Con esto quiero decirle cómo a las gentes de Cebre y sus cercanías, el propio terror de caer en las uñas de Lobeiro les infundió una resolución tremenda adoptada con cautela tal, que todo lo hicieron en el mismo secreto y unión que cuenta usted que profesan los nihilistas rusos. Verá, verá cómo ocurrió la cosa.

Llegado el día de la fiesta de la Virgen en el santuario de Boán, fui yo allá convidado por el cura, que es amigo. Se reunió un gentío, que era aquello un hormiguero: hubo sus cohetes, sus gaitas, sus bailas, sus calderadas de pulpo y su tonel de mosto; lo que sabe usted que nunca falta en tales romerías. También andaban algunas señoritas muy emperifolladas dando vueltas y luciendo los trapitos flamantes; y la más bonita de todas, Micaeliña, que paseaba con la madre por debajo de los robles, hecha un Sol de guapa. Acababa de cumplir los trece años; se conoce que estrenaba vestido, y no cabía en sí de contenta; el vestido era blanco, con lazos de color de rosa, precioso, de seda riquísima, locura para una chiquilla así.

La madre: «Micaeliña, no te arrugues», por aquí, y «Micaeliña, no te manches», por allá; y la criatura, al principio, respetando mucho la gala; pero, ya se ve, luego se cansó de guardarle miramiento al vestido majo y vino, disparada, a tirarme del balandrán. «Eugenio, ¿corremos?» Al principio fui a remolque; pero, al fin —este pícaro genio gaitero que tengo yo...—, me hizo la rapaza pegar mil carreras por aquellas cuestas abajo, riendo los dos como locos. Y cuidado que me daba no sé qué por el cuerpo el divisar a Lobeiro allí, a dos pasos, con sus manos donde yo sabía que había manchas de sangre fresca.

El diantre del cacique, cuando me vio tan divertido con la hija, me llamó aparte, y, sin mirarme una vez siquiera, con los ojos torcidos para el suelo, me dijo:

—Hombre, Eugenio, hágame un favor: convenza a mi mujer y a la chiquilla de que va a estar muy bien Micaela en el colegio de Orense.

—¿Y usted se separa de ella? —pregunté con asombro.

—Sí, hombre... Cosas que uno discurre porque no tiene remedio —contestó él muy encapotado y a media habla.

Así que la familia de Lobeiro y los ad láteres que siempre le escoltaban se retiraron de la romería, pregunté al cura de Boán, extrañándome de la idea de enviar a Orense a la chiquilla, cuando precisamente era el encanto de su padre. Boán me dio una explicación plausible:

—Eso lo hace por no exponer a la rapaza a un lance cualquiera. Le tienen amenazado de muerte, y veinte veces ya le avisaron de que su casa ha de arder. Y aunque él dice que, según la construyó, no es tan fácil pegarle fuego, no quiere tener aquí a Micaeliña, porque recela alguna barbaridad.

Ya verá usted, señora, cómo, efectivamente, no ardió la casa de Lobeiro.

....

Yo dormí en la rectoral de Boán aquella noche. Con el choyo de la fiesta se había empinado y engullido muy regularmente; de modo que el primer sueño fue de piedra. Estaba como una marmota, que si me sueltan un redoble de tambor en los mismos oídos, no doy a pie ni a mano. Conque figúrese lo que sería la explosión para que me incorporase en la cama de un brinco.

¡Puummm! ¡Boom! Nunca acababa de sonar. Yo, a oscuras, a tientas, buscando las cerillas y gritando por el criado:

—¡Eh! ¡Ave María Purísima! ¡Rosendo! Condenado, ¿duermes o qué haces? ¿Se cae la casa? ¡Jesús, Dios y Señor, misericordia!

Por fin encendí el fósforo, y cuando entró Rosendo, aturdido, tropezando, en ropas menores, no pude aguantar la risa. El muchacho casi se echó a llorar.

—Sí, ríase, que es para reír. Señor, no ría, que es pecado. Estoy que se me arrepian las carnes.

—Pero ¿qué hay? ¿Qué demonios pasa?

—¿Y quién lo sabe, a no ser un brujo? Parece que se ha hundido mismamente el mundo todo de la tierra.

Escuché. Nada, silencio. Salí a la ventana. Ni señal de cosa alguna. Me palpé: estaba sano y bueno. El cura de Boán andaba por allí azorado, dando vueltas. Nos pusimos a hacer comentarios. Nadie se quiso volver a la cama. Cada uno defendía su conjetura, cuando, ¡tras, tras!, ¡a la puerta!... ¡Al señor cura de Boán, que vaya a dar los santos óleos y a confesar a Lobeiro, que se muere! Boán dista un cuarto de legua de la casa de Lobeiro. El que traía el recado nos enteró de todo.

Mientras Lobeiro, su hija y sus satélites estaban de parranda, con mucho tiento, al pie del balcón mayor, «habían» depositado veintiséis cartuchos de dinamita —lo bastante para volar una fortaleza— y su mecha correspondiente. Hecho esto, retiráronse con tranquilidad, pie ante pie. A la noche, recogida ya la familia, silencioso todo, «alguien» cogió el cabo de mecha, le prendió fuego y desvió con mucha calma. De los veintiséis cartuchos, solo diez o doce se inflamaron. Pero fue más de lo preciso.

No se salvó alma viviente. Entre los escombros de la casa yacían el cadáver de la mujer de Lobeiro, el tronco mutilado del criado y el cuerpo de Micaeliña, muerta como una paloma que le dan un tiro, con su sangre en las sienes, tendida al lado de su padre. El lobo aún vivía; fue el único que no pereció en el acto. Antes de expirar tuvo disponible una hora larga para contemplar a su oveja difunta... Digan lo que quieran los sabios esos del materialismo..., ¡retaco!, yo juro que hay Dios, y un Dios que castiga sin palo ni piedra... Con dinamita, corriente, ¡Con lo que sale!

¿Quién fue el autor o autores de la hazaña? ¡Retaco! Dios... Digo, no; soy un bruto. Pues todos y nadie; la comarca. Llamen a declarar a Cebre entero, y respondo de que el juez no saca en limpio ni tanto así. Resultará que aquella noche nadie faltó de su casa, y que desde hace veinte años nadie compró dinamita ni pólvora más que para las bombas y las madamas de fuego de las romerías. ¿Quiere usted más? ¿A que no se atreve el Gobierno a llevar adelante la persecución? Ya ve usted, hoy mandan los de Lobeiro. ¿A que ni ocho días va nadie a la cárcel por lo que llamamos aquí «el cuento de la dinamita»?

Nuevo Teatro Crítico, núm. 1, 1891, Arco Iris.

El tetrarca en la aldea

Hay conversaciones que desde que el mundo es mundo se suscitaron y se suscitarán, y que tiene un desarrollo ya previsto, pudiéndose vaticinar de antemano las vulgaridades que han de decirse sobre la materia, porque de tiempo inmemorial vienen repitiéndose y rebatiéndose los mismos argumentos.

Posee este género de conversaciones la propiedad de inspirar frases enfáticas, de falsear la naturaleza, imponiendo la ostentación de sentimientos convencionales; y de aquí su eterna monotonía, porque si el hombre verdadero siente con infinita variedad y riqueza de matices, el hombre artificial, modelado por las preocupaciones, marcha en línea recta, con movimiento automático.

Una de estas pláticas a que aludo es la línea de conducta del marido con la mujer infiel... ¡Qué de resoluciones trágicas, qué de energías, qué de majestuosa altivez muestran entonces los hombres! Cada quisque puede dar lecciones de dignidad a Otelo: el médico aquel de la sangría suelta se queda tamañito. Sin embargo —así como la observación positiva del desafío demuestra la gran superioridad numérica de los prudentes, la observación, también positiva, del conflicto conyugal revela que esas vengativas terriblezas son un derroche de voluntad al alcance de muy contadas fortunas. La resignación es la nota más común, sobre todo la resignación teñida de color de indiferencia o ignorancia.

—Lo que escasea —me decía un amigo aficionado a indagar historias— es la resignación envuelta en ingeniosa ironía, y voy a contarle a usted un caso característico, por haber ocurrido entre gente aldeana, pero gente aldeana de aquella terra nuestra, donde cada labriego es un sutil diplomático en ciernes.

El tío Marcos Loureiro emigró porque no podía sobrellevar el peso de las contribuciones ni sostener con su labor agrícola a la mujer y a los tres rapacinos. En Montevideo, con harta fatiga, fue atesorando un modestísimo peculio suficiente para vivir con cierto desahogo, a lo villano, en su querido rincón: lo bastante para que no le faltase —como ellos dicen— pan y puerco todo el año.

Con patriarcal sencillez, Marcos se daba ya por contento; mas principió a recibir de su aldea cartas de cierto compadre Antón, muy razonadas, disuadiéndole de volver tan pronto y animándole a traer algo más que «una pobreza».

Aseguraba también el compadre Antón que la familia de Marcos ya no pasaba necesidad alguna, porque el amo, el señor conde de Castro, les había rebajado en más de la mitad el arriendo del lugar que llevaban, y la comadre Sabel, con su trabajo, ganaba lo suficiente para que ni ella ni los chiquillos careciesen de abrigo y caldo «de pote».

Es de advertir que el compadre Antón hablaba oficialmente, porque a la comadre Sabel le estorbaba lo negro, y por medio de Antón se comunicaba con el ausente esposo. Pareció el consejo muy discreto, y Marcos siguió reuniendo patacones; pero transcurridos cinco años, y dueño ya de un capitalejo tan humilde en América como considerable en la aldea de Castro, comenzó a escamarle el empeño de tenerle a distancia que mostraba el tío Antón. No era Marcos ningún bolonio, y la suspicacia natural del labriego se despertó y dio en atar cabos y devanar cavilaciones.

Resolvió, pues, volver secretamente a su hogar, y así como lo resolvió lo hizo, desembarcando en Marineda de Cantabria y tomando al punto el coche de línea que le llevó, no sin peligro de sus huesos, a Compostela. Allí se echó a la calle con propósito de ajustar un jamelgo para andar las cuatro leguas que faltaban hasta Castro. Iba Marcos regodeándose con su plan que consideraba excelente. Si en su casa todo marchaba en orden, ¡magnífica sorpresa la de verle llegar tan bien portado y hasta con su cadena de oro de tres vueltas! Y si había allá «choyo»..., ¡magnífica sorpresa también!

Saboreando sus propósitos, al revolver de una esquina tropezó con un aldeano, que, al verle, pegó involuntario respingo y trató de escabullirse, ocultándose en un portal; mas no le valió la treta, porque Marcos echó a correr detrás del fugitivo, le agarró por la faja de lana de colores y obligó al compadre Antón —pues él era— a volverse y reconocerle. Cogido ya el labriego, hizo a mal tiempo buena cara y saludó a Marcos mostrando cordialidad. Al enterarse de que Marcos proyectaba salir para Castro inmediatamente, tuvo Antón nuevos conatos de fuga, igualmente frustrados, porque el marido de Sabel, con suma firmeza, declaró a su compadre que no se descosería de su lado por un imperio.

«Te veo, viejo encubridor —pensaba Marcos—. Quieres adelantarte para avisar y que yo encuentre todo aquello amañadito. No me chupo el dedo. Así duermas hoy aquí, contigo duermo yo. No te valen las triquiñuelas. A Castro hemos de llegar más juntos que la oblea y el papel.»

Apenas se convenció el tío Antón de que el compadre no le soltaba, como era menos terco que ladino, resignóse, ajustó el caballo para Marcos, arreó su propia cabalgadura, y tres horas antes de ponerse el Sol salieron carretera adelante.

Ya se comprende que Marcos ni soñaba en que el compadre, con aquel pescuezo que parecía corteza de tocino rancio y aquella cara de polichinela entrado en edad, pudiese ser el ladrón de su honra; además, Marcos sabía que el tío Antón estaba más pobre que las arañas, más viejo que el pecado, y que como no se aficionase de una ternera o de un saco de maíz, lo que es de otra cosa...

Seguro, pues, del papel que en el reparto de aquel drama podía corresponderle al tío Antón, Marcos se propuso sacarle la verdad del cuerpo durante el camino, y, en efecto, a cosa de legua y media, ya el esposo de Sabel no ignoraba el nombre y condición del ofensor, que no era otro que el mayordomo del conde de Castro. Exigirían un libro entero, si se hubiesen de escribir, los circunloquios, amonestaciones, consejos, palabras calmantes y reflexiones filosóficas, a lo Sancho, que el viejo compadre le endilgó al ultrajado marido. Oyó este con sorna, mirando de reojo al consejero y calculando los perdones de renta y otras ventajas que a cuenta del señor conde de Castro habían premiado el servicio de tenerle a él, Marcos Loureiro, tanto tiempo allá por tierras de ultramar. Cuando el tío Antón hubo terminado su insinuante arenga, Marcos se encogió de hombros, y, sin mover un músculo de la cara, dijo por toda respuesta:

—Demasiado sabemos lo que son las mujeres.

—En eso estamos —confirmó el vejezuelo—; pero, a las veces, el hombre, cuando ve delante ciertas cosas, vásele el seso de la cabeza, compadre.

—El seso mío no se va tan fácil, y ver no he de ver cosa mala.

—Veráslas, hombre, así que entres por la puerta.

—Pues me da la gana de verlas, y no se me adelante, que hemos de llegar con las cabezas de las bestias juntas así.

Diciendo y haciendo, Marcos puso su jamelgo tan cerca del cazurro vejete, que la espuma de un freno manchó al otro; y, callando los dos, prosiguieron el viaje hasta avistar la aldea, a la hora del anochecer.

A favor de las sombras que empezaban a tender su crespón, dejaron los caballos atados a unos árboles y entraron a pie y recatadamente, pegados a las choza, en la aldeílla. Marcos reconoció su casa y se fue a ella derecho, arrastrando al tío Antón, que ya temblaba como un azogado.

Por la rendija de la ventana salía luz.

—No mire, compadre; no mire —decía el viejo al marido; pero éste, aplicando un ojo a la abertura, se estremeció ligeramente, a pesar de su estoicismo de salvaje, porque había visto a su mujer (a quién dejó enfermiza y amarillenta) fresca, redonda, sanota, con una criatura de pocos meses colgada del blanco pecho... Aquellas eran, sin duda (ahora lo comprendía), las «cosas malas» que sin remedio tenían que metérselas por los ojos, pues el suprimirlas no parecía grano de anís...

Marcos se apartó de la ventana y pegó en la puerta tres golpes secos y sonoros. El tío Antón comenzó a rezar el credo. Sabel dejó el niño en la cuna y salió a abrir. Cuando reconoció a su marido no gritó; al contrario; se quedó hecha una estatua, extendiendo los brazos como para impedirle entrar.

Abarcó el esposo de una sola ojeada el aspecto de la vivienda, y lo encontró excelente. Antes de que él se marchase eran allí desconocidos los lujos de colchones, colchas, cunas, mesas, sillas, armarios y buen quinqué de petróleo; nunca Sabel había vestido de lana rasa como entonces, ni calzado rico borceguí de becerro, ni usado tan finas ropas como las que se entreparecían al través del justillo aún desabrochado.

¿Recordó Marcos que al partir él quedaba desnuda y hambrienta su familia?

¿Hizo memoria de ciertos deslices propios allende los mares?

¿Fue distinta sugestión, nada altruista, aunque sobrado humana, la que se le impuso?

Ello es que, penetrando en la casa, pasó a donde antaño estaban las camas de los tres hijos y, al contar cinco cabezas de mayor a menor y ver la del mamoncillo en su cuna aparte, llegóse a su mujer, le tomó la barba y la acarició un momento; después movió la mano derecha de alto abajo, amenazando en broma, con media sonrisa, y murmuró:

—¡No sé qué te había de hacer? ¿Y si yo fuese otro?

La Voz de Guipúzcoa, 17 septiembre, 1892.

Pena de muerte

—Casualmente la víspera —empezó a contar el sargento de guardias civiles, apurado el vaso de fresco vino y limpios los bigotes con la doblada servilleta— había ya caído en la tentación, ¡cosas de chiquillos!, de apropiarme unas manzanas muy gordas, muy olorosas, que no eran mías, sino del señorito; como que habían madurado en su huerto. Les metí el diente; estaban tan en sazón, que me supieron a gloria, y quedé animado a seguir cogiendo con disimulo toda fruta que me gustase, aunque procediese de cercado ajeno.

Cuando el señorito me llamó al otro día, sentí un escozor: «Van a salir a relucir las manzanas», pensé para mí; pero pronto me convencí de que no se trataba de eso. El señorito me entregó su escopeta de dos cañones, y me dijo bondadosamente:

—Llévala con cuidado. Mira que está cargada. Si te pesa mucho, alternaremos.

Le aseguré que podía muy bien con el arma, y echamos a andar camino de las heredades. En la más grande, que tenía recentitos los surcos del arado (porque eso sucedía en noviembre, tiempo de siembra del trigo), se paró el señorito y yo también. Él levantó la cabeza y se puso a registrar el cielo.

—¿No ves allí a esa bribona? —me preguntó

—¿A quién?

—A la «garduña»...

—Señorito, no. Son cuervos; hay un bando de ellos.

En efecto, a poca altura pasaban graznando cientos de negros pajarracos, muy alegres y provocativos, porque veían el trigo esparcido en los surcos y sabían que para ellos iba a ser más de la mitad. (¿Pobres labradores!) El señorito me pegó un pescozón en broma, y me dijo:

Más arriba, tonto; más arriba

Allá, en la misma cresta de las nubes, se cernía un puntito oscuro, y reconocí al ave de rapiña, quieta, con las alas estiradas, Poco a poco, sin torcer ni miaja el vuelo, a plomo, la garduña fue bajando, bajando, y empezó a girar no muy lejos de donde nos encontrábamos nosotros.

—Dame la escopeta —ordenó el señorito.

Obedecí, y él se preparó a disparar; solo que la tunanta, de golpe, como si adivinara, se desvió de la heredad aquella, y cortando el aire lo mismo que un cuchillo, cátala perdida de vista en menos que se dice.

—No has oído la maldita —exclamó el señorito, incomodado—. El jueves, que no traía yo escopeta, estuvo más de una hora burlándose de mí. Solo le faltó venir a comer a mi mano. Fija a diez pasos, muy baja, haciendo la plancha y clavando el ojo en un sapito que arrastraba la barriga por el surco, hasta que se dejó caer como un rayo, trincó al sapo entre las uñas y se lo llevó a lo alto de aquel pino que se ve allí. ¡Buena cuenta habrá dado del sapo! Y hoy, en cambio, ¡busca! Nos va a embromar la condenada... ¡Calla, que vuelve!

Volvía, y tanto volvía, que se plantó lo mismo que la primera vez, recta sobre nosotros. Sin duda, le tenía querencia al sitio, y en la heredad aquella encontraba la mesa puesta siempre. El señorito tuvo tiempo de apuntar con toda calma, mientras la rapiña abanicaba con las alas, despacio, avizorando lo que intentaba atrapar. Por fin, cuando le pareció la ocasión buena, el señorito largó el tiro... ¡Pruum! A mí me brincaba el corazón, y al ver que el pájaro «hacia la torre», dando sus tres vueltas en redondo y abatiéndose al suelo lo mismo que una piedra, pegué un chillido y por nada me caigo también.

—¿Qué haces, pasmón, que no portas? —me gritó el señorito.

Eché a correr, porque ya usted ve que no podía desobedecerle; pero me temblaban las piernas y se me desvanecía la vista. ¿Sabe usted por qué? Por la conciencia negra; porque se me venían a la memoria las manzanas, y me escarabajeaba allá dentro el miedo al castigo. Recogí el ave, y al levantarla me acuerdo que me espanté de reparar que estaba ya fría por las patas y el pico. Era un animal soberbio: medía tres cuartas de punta a punta de las alas; la pluma, canela claro con unos toques castaños primorosos; el pico, amarillito, y las uñas, retorcidas y fuertes, que parecía que aún arañaban al tiempo de agarrarlas yo. Le miré a los ojos, porque sabía que estos bichos tienen una vista atroz finísima, como la luz. Los ojos estaban consumidos, deshechos y alrededor se notaba una humedad..., a modo como si el animalito soltase lágrimas.

—Venga aquí esa descarada ladrona —ordenó el señorito—. La vamos a clavar por las alas para ejemplo. ¿Qué es eso, rapaz? Se me figura que te da lástima la pícara.

Me eché a llorar como un tonto. Usted dirá que no es creíble. Pues nada, me eché a llorar; pero no por la muerte del pájaro, sino porque me miraba en aquel espejo, y creía que también iban a pegarme un tiro con perdigones, y que me despatarraría en el sembrado, con el hocico frío y los ojos vidriados y derretidos casi. Veía a mi madre llegar dando alaridos a recogerme, y a mis hermanas que al descubrir mi cuerpo se arrancaban el pelo a tirones, pidiendo por Dios que al menos no me clavasen en un palo para escarmiento de los que roban manzanas. ¡Ay, clavarme, no! ¡Sería una vergüenza tan grande para mi familia y hasta para la parroquia!

Admirado el señorito de mi aflicción, y creyendo que la causaba el triste fin del avechucho, me pasó la mano por el carrillo y me dijo riéndose:

—¡Vaya un inocente! ¡Tanto sentimiento por la raída de la garduña! ¿Tú no sabes que es un bicho ruin, que se merienda a las palomas? ¿No viste las plumas de la que se zampó el domingo? De los ladrones no hay que tener compasión.

En vez de quitarme el susto, estas palabras me lo redoblaron, y sin saber lo que hacía ni lo que decía, me eché de rodillas y confesé todo mi delito; creo que si no lo hago así, enseguida, reviento de angustia. El señorito me oyó, se puso serio, me levantó, me colocó en las manos la escopeta otra vez, y dejando el ave muerta sobre el vallado, me dijo esto (juraría que lo estoy escuchando aún):

—Para que no te olvides de que por el robo se va al asesinato y por el asesinato al garrote..., anda, aprieta ese gatillo... y pégale la segunda perdigonada a la tunantona. ¡Sin miedo! Cerré los ojos, moví el dedo, vacié el segundo cañón de la escopeta... y caí redondo, pataleando, con un ataque a los nervios, que dicen que daba pena mirarme.

Estuve malo algún tiempo; el señorito me pagó médico y medicinas; sané, y cuando fui mozo y acabé de servir al rey, entré en la Guardia Civil.

Blanco y Negro, núm. 261, 1896.

Barbastro

Aquella discreta viuda que en Madrid acostumbraba referirnos cada jueves una historia me ofreció hospitalidad veraniega en la bonita quinta que poseía a pocos kilómetros de M•••, y como todas las tardes saliésemos de paseo por las inmediaciones, sucedió que un día nos detuvimos ante la verja de cierta posesión magnífica, cuyo tupido arbolado rebasaba de las tapias y cuyas canastillas de céspedes y flores se extendían, salpicadas y refrescadas por lo hilillos claros y retozones de innumerables surtidores y fuentes que manaban ocultas y se desparramaban en fino rocío, resplandeciendo a los postreros rayos del Sol. Gentiles estatuas de mármol blanqueaban allá entre las frondas, y el palacio erguía su bella escalinata y su terraza monumental en el último término que alcanzaba la vista.

A mis exclamaciones de admiración y a mi deseo de entrar para ver de cerca tan deleitoso sitio, la viuda respondió sonriente:

—Entraremos, ya lo creo... Llame usted; ahí está la campana... La finca es de un millonario, el señor Barbastro, que se ha gastado en ella muy buenos pesos duros, y tiene, como es natural, gusto en ostentarla y lucirla, y en que se la alaben y ponderen.

En efecto, a mi llamada acudió solícito un criado, que, abierta la verja y con mil reverencias, se dio prisa a guiarnos hasta un mirador calado, tupido de enredaderas olorosas, donde encontramos a los dueños de la regia finca, marido y mujer. Él se levantó, obsequioso, con esa cortesía algo almidonada de los que han residido en América largo tiempo; ella medio se incorporó, y, toscamente, y a gritos, nos dijo, alargándonos la manaza, aunque a mí no me había visto hasta aquel crítico instante:

—Miren, miren por ahí cuanto «haiga»... Dicen que está muy precioso. No se encuentra otra cosa así en toda la provincia. ¡Vaya!... Tampoco nadie se gastó el dinero como nosotros. ¿Eh, Barbastro?

Observé que al interpelado dueño le salían a la cara los colores, y mi asombro subió de punto al detallar bien la catadura y pelaje de la dueña. Era bizca, morena, curtida, de deprimida faz, de frente angosta, de cabello escaso y recio; en suma: feísima, y, además, ordinaria y zafia. Vestía de seda, con lujo y faralaes, en sus negruzcos dedos brillaban anillos caros. Tenía a su lado una mesita cargada con licorera y copas, y no por adorno, pues cuando me acerqué me echó vaho de anisete. No continué examinando a tan extraña señora, porque su esposo, acongojado y confuso, se apresuró a sacarnos de allí a pretexto de enseñarnos «la chocilla». Dejamos a la castellana platicando con la licorera, y recorrimos el palacio, jardines y bosques, que, en realidad, bien merecían la detenida visita que les consagrábamos. A medida que nos alejábamos del mirador y que íbamos admirando y elogiando calurosamente los amplios estanques, la linda pajarera, las sombrías grutas, las majestuosas alamedas, y las estufas, en que tibios chorros de vapor sostenían la vegetación de raras orquídeas, el semblante del poseedor y creador de tantas maravillas se despejaba, llegando a irradiar ventura y satisfacción de artista aclamado. Cuando nos despedimos hízonos mil ofrecimientos cordiales; nosotros, por nuestra parte, le encargamos que presentase nuestros respetos a la señora, pues se acercaba la noche y no teníamos tiempo de volver al mirador y romper su íntimo diálogo con el anís.

Naturalmente, al hallarnos otra vez en el camino real, al vivo trote de las jaquitas indígenas que arrastraban la cesta, mi primera pregunta a la viuda tuvo por objeto enterarme de la esposa de Barbastro.

—¿Cómo es que un señor tan correcto, tan cortado, tan digno, se ha casado con esa farota, que parece una labriega?

—No lo parece, lo es —respondió la viuda, saboreando mi curiosidad.

Se llama Dominga de Alfónsiga, y antes de casarse andaba «sachando» el «millo» y recogiendo y apilando el estiércol; ¡buenas manos tenía para eso, y menudo rejo el de la bellaca!

—¿Y cómo ascendió al tálamo del ricachón? ¿Era bonita?

—¡Bonita, sí! ¡Bonita! Siempre tuvo cara de carbón a medio apagar; la conocían por el apodo de Morros Negros.

—Vamos, barrunto que en la boda de este señor opulento, atildado y de unos gustos tan a la moderna, existe alguno de esos enigmas indescifrables de «elección conyugal» que usted colecciona para un muestrario de las extravagancias humanas, y que le interesan a título de rareza, de caso patológico...

—No es indescifrable, pero sí muy peregrino, el caso... Verá usted. Este señor Barbastro, que no es todavía ningún viejo, salió muy joven para América; sus padres habían muerto, y la suerte le deparó en Montevideo un pariente que ya había juntado rico pellón, esa primera millonada, doblemente difícil de reunir que las segundas. El pariente se aficionó al muchacho, le adoptó, le adoctrinó, y tuvo la oportunidad de morirse a los dos o tres años, legándole cuanto poseía. Sobre la base firme de la herencia, Barbastro especuló y supo lanzarse a grandes empresas con feliz acierto. En corto tiempo se encontró riquísimo, y asustado por las revueltas y disturbios de aquel país, no quiso establecerse definitivamente en él —como si aquí viviésemos en alguna balsa de aceite—.

Liquidó su caudal, lo impuso en fondos europeos, y se vino a su tierra, deseoso de realizar dos ensueños: construir una casa de campo nunca vista y desposarse con una muchacha sin bienes, pero linda y virtuosa, como tantas de M•••, que es un vergel en este punto.

Empezó por la quinta: primero el nido; después vendría el ave de amor, el ave tierna y arrulladora. Para la quinta solo le convenía este sitio, porque en él radicaba la vieja y ruinosa casita que habitaron siempre sus padres, y el orgullo de Barbastro era erigir un palacio en reemplazo de la casucha. Rescató el terreno, que estaba en las garras de un usurero, compró predios alrededor, y encargó sus planos, los cuales, como suele suceder, fueron al principio relativamente modestos, y después adquiriendo vuelo y grandiosidad. La verja que debía rodear la posesión tenía elegante forma oval; pero Barbastro saltó al notar que por la izquierda, en vez de la línea armoniosamente desarrollada del otro lado, presentaba una inflexión, una entrada que parecía un mordisco. ¡Y aquello caía precisamente hacia el frente del camino, a la parte en que todos tenían que ver la falta! El arquitecto, interrogado, respondió sin inmutarse:

—¿Qué haremos? Eso es un pedazo de tierra, un prado, que no nos quieren vender.

—¿Ha ofrecido usted por él una regular cantidad?

—¡Ya lo creo!

—Ofrezca más.

Extraordinaria desazón sufrió Barbastro al saber que la aldeana poseedora del prado que mordía la finca se mantenía en sus trece. Las obras empezaron: el palacio surgió del erial; nacieron los encantadores jardines; pero Barbastro solo pensaba en el quiñón maldito que desfiguraba su verja. Fue en persona a hacer proposiciones a Dominga —ella era la propietaria, ya lo habrá usted adivinado— y encontró una obstinación estúpida y maligna, un «no» de argamasa, una indiferencia despreciativa hacia el oro de que ya ofrecía el indiano cubrir literalmente el malhadado pedazo de tierra. El ansia de adquirir llegó a convertirse en fiebre. Barbastro, en su opulencia, era desgraciado, porque cada vez que recorría las obras e inspeccionaba la colocación de la verja, de ricas labores y dorada, envidia y pasmo de M•••, le saltaba a los ojos el defecto, y hubiese dado, no ya dinero, sangre de las venas, por el trozo de prado que estropeaba su creación. Esta obsesión no la comprenderá sino el que haya construido en el campo. Hay motas de terruño colindantes que pueden ser pedazos del alma, médula del deseo...

Así es que, enloquecido, después de luchas estériles, de ofrecimientos insensatos, de amenazas, de ruegos, de hacer jugar influencias y de servirse del párroco, que pretendió despertar la obtusa conciencia de Dominga, una mañana Barbastro entró en la casuca de la aldeana, como quien se lanza al mar, resuelto a todo..., y encontró una rural Lucrecia, que solo ante el ara sagrada rendiría su zahareña y nunca asaltada virtud. Terrible era la condición; pero Barbastro se hallaba tan ofuscado, tan emperrado, tan fuera de sí, que cerró los ojos, a manera del que se precipita a un abismo, y... ¡ya lo sabe usted!, entregó su mano y sus millones a Dominga de Alfónsiga, alias Morros Negros.

—¡Desdichado! —exclamé, entre chazas y veras.

—¡Y tan desdichado! —repuso la viuda—. Al principio quiso pulirla; pero, ¡quiá! Más fácil sería hacer de una guija de la carretera un diamante... Ella, la Domingona, ha vencido en la lucha; hace lo que quiere, le tiene bajo el zapato; se pasa la vida echando traguetes de licor, y merendando, y jugando a la brisca con las doncellas y el cocinero; y él para

consolarse de su atroz mujer, enseña a todo el mundo las bellezas de su amada, de su verdadera novia..., que es la quinta.
El Liberal, 13 de febrero 1898.

Ocho nueces

Todas las noches, después de cenar, venían fielmente a hacerle la partida de tresillo al señor de las Baceleiras los tres pies fijos de su desvencijada mesa: el médico, don Juan de Mata; el cura, don Serafín, y el maestro de escuela, don Dionisio. Llegaban los tres a la misma hora y saludaban con idénticas palabras, trasegaban el medio vaso de vino que don Ramón de las Baceleiras les ofrecía, y se limpiaban la boca, a falta de servilletas, con el dorso de la mano. Después don Serafín, que era servicial y mañero, encendía las bujías, no sin arreglar antes el pabilo con maciza despabiladera de plata, y hasta las diez y media se disputaban los cuatro unos centimillos. A esa hora recogían los tresillistas en la antesala los zuecos de madera, si es que era lluviosa la noche o había fango en los caminos hondos, y se dirigía cada mochuelo a su olivo pacíficamente.

    Cinco años de fecha contaba esta asociación para el más inofensivo de los pasatiempos, y era ya el único goce del viejo y enmohecido señor de aldea, que se pasaba la mitad de la vida clavado en su poltrona por la gota y el reumatismo. Aquellas horitas de juego y de charla prestaban algún interés al día, que se deslizaba lento, interminable, prolongado por la soledad, la quietud forzosa y el tedio de la vejez sin familia, sin deberes y sin quehaceres. Las tres personas que venían a jugar con don Ramón no eran ni sabias ni oportunas, ni afluentes en la charla, ni apenas estaban enteradas de lo que acontecía en el mundo; pero, así y todo, traían noticias, rumores, opiniones, embustes, manías y humorismos de cada cual; don Juan de la Mata, por su profesión, recogía aquí y allí la crónica del lugar, la chismografía de los «mantelos» y de las chaquetas de rizo —que la tienen, y muy picante—; don Serafín se encargaba de la alta política, porque leía El Correo Español y estaba al tanto de los pensamientos del zar de Rusia y el emperador de Austria; y en cuanto a don Dionisio, hablaba enfáticamente de todo lo divino y lo humano, y por las condenadas elecciones llevaba al dedillo la política local. El señor de las Baceleiras tomaba parte en la conversación, tanto más a gusto cuanto que su parecer era oído con respeto por los tres compañeros, habituados a ver en él al señor —un ser superior, puesto que no hacía nada y vivía de sus rentas.

El señor de las Baceleiras poseía muchas tierras en aquella aldea misma y en otras partes. Si es cierto que todo el mundo nace propietario, y que el instinto de apropiación y defensa de lo adquirido es fuerte como la muerte desde los primeros albores del mundo, en nadie se reveló más vigoroso este instinto ni arraigó con más hondas raíces que en don Ramón. Amaba con vehemencia y defendía con rabia su propiedad, ni más ni menos que si tuviese una dilatada prole a quien transmitirla, y que si no estuviese próximo, por inexorable decreto de los años, a dejárselo todo aquí, para regocijo de unos sobrinos que vivían en Mondoñedo y no habían visto a su tío ni una sola vez. Ello es que, a pesar de acercarse el término en que se abandona la hacienda con la vida, don Ramón, siempre que se lo permitían los achaques y la maldita pierna, salía a recorrer y examinar sus fincas más próximas, a ver qué tal espigaba el maíz, cómo habían agradecido el riego los prados, si medraban los pinos y si el nogal grande cargaba de fruta más que el año anterior.

En este nogal tenía puestos los ojos y el corazón su dueño. La verdad es que árbol como él no se hallaba en diez leguas a la redonda. Crecía el hermoso ejemplar de la especie vegetal al borde del camino, frente a la tapia de la casa de los Baceleiras, y a orillas de una heredad sembrada de patatas, pertenecientes a don Juan de Mata, el médico. ¿Por qué siendo del médico la heredad eran el lindero y el árbol de don Ramón? Averígüelo el que pueda desenredar la inextricable maraña de la subdividida fincabilidad gallega.

Ahora bien; el caso fue que una mañana, una radiante mañanita de octubre, en que todo era sosiego y paz en el campo, el señor de las Baceleiras, arrastrando un poco la pierna, pero animoso, se detuvo ante el nogal y se alborozó al verlo tan agobiado de fruto. Por parte, en ciertas ramas expuestas al Sol del Mediodía, veíanse más nueces que hojas, y sobre la hierba que afelpaba la linde de don Ramón, algunas ya caídas, muy gordas y lucias. Tentado estuvo a recogerlas, y si no es por la pierna, las recoge: «Alberte me las traerá luego», pensó; y al llegar a su casa dio la orden al criado.

—Hoy, a la cena, postre de nueces nuevas —dijo satisfecho.

Mas como a la cena las nueces no pareciesen, interpeló a Alberte, el cual respondió que, yendo a coger las nueces caídas, no había encontrado en el suelo ni una.

—Si las he visto yo mismo, y eran lo menos una docena —prorrumpió el señor de las Baceleiras, amostazado.

—Pues las habrán apañado los rapaces —contestó Alberte, con esa satisfacción socarrona del aldeano y del fámulo cuando suceden cosas que al amo le contrarían.

A la hora del tresillo, llegó el primero don Juan de Mata, y al entrar sacó del bolsillo de la vieja americana de dril un envoltorio.

—Nueces nuevas —murmuró, con triunfal sonrisa, ofreciendo la dádiva al señor, que se quedó helado.

—¿Nueces nuevas? —murmuró—. ¿De qué nogal las ha cogido?

—Del nuestro —contestó, con la mayor flema, el médico, echándolas en un plato, porque ya venían mondadas y cascadas.

—¿Del nuestro? ¿De cuál nuestro, vamos a ver?

—¡Sí, que no lo sabe don Ramón! Del grande, del del camino..., del que me hace sombra a las patatas..., y bien que me las jeringa.

—Pero don Juan, ese nogal... es tanto de usted como del nuncio. ¿Cómo le iba yo a entender, santo de Dios? Ese nogal... no es de nadie sino del presente maragato.

Echóse atrás don Juan de Mata al oír las frases y el tono en que se las decía. Era un viejecillo seco cual yesca, ágil y divinamente conservado, a pesar de sus muchos años, gran andarín, cariñoso y sensible, si bien polvorilla y puntilloso a su manera; y el exabrupto de don Ramón le sugirió esta respuesta picona:

—Entonces, ¿quiérese decir que yo robé las nueces que no me pertenecían? Entonces, ¿no es mío lo que cae en mi heredad, sobre mis patatas? Entonces, ¿yo soy un ladrón?

Hay una sentencia árabe, muy sabia, el evangelio del laconismo, que reza: «Antes de hablar, da cuatro vueltas a la lengua en la boca.» Don Ramón, por su mal, olvidó en aquel momento la sentencia, si es que la conocía, que no puedo afirmarlo; y dando rienda a la impaciencia y a la desazón, contestó con el aire más agresivo del mundo:

—¡Usted dirá cómo se llama quien toma lo ajeno sin permiso de su dueño! Esas nueces no eran de usted; luego..., saque la consecuencia.

Respingó don Juan de Mata, y levantándose con ímpetu, y tirando las nueces, no a la cara, pero sí a la panza y a las piernas de don Ramón, chilló fuera de sí:

—Ahí las tiene, ahí las tiene, sus cochinas ocho nueces... ¡Mal rayo me parta si vuelvo yo nunca a poner los pies donde me tratan de ladrón, resangre! ¡Quede usted con Judas, y que vengan aquí sus esclavos, que yo soy una persona tan decente como usted!

Al salir de estampía el médico, encontróse en la escalera de piedra a don Dionisio, el maestro de escuela, a quien refirió lo ocurrido, tartamudeando de rabia.

El maestro entró en el comedor muy carilargo, y al pronto guardó diplomático silencio. Mas como don Ramón desahogase el berrinche contándoselo, grande fue su sorpresa al ver que don Dionisio, con pedantescas y desatinadas razones, y con argucias y circunloquios, venía a darle toda la razón al médico.

—Desde luego, a mi humilde y eclipsado punto de vista —decía don Dionisio apretando los labios— no puedo «zozobrar» en reconocer que si la tierra o predio donde fueron apresadas o dígase cosechadas, las nueces, pertenecía a título lícito a don Juan de Mata, él era respectiva y colegalmente dueño de la fruta.

Oyendo don Ramón que también le contradecía el dómine, embravecióse más, y soltó nuevas palabras imprudentes.

—¿Sí? ¿Con que estaba en su derecho don Juan? Pues ya veremos cómo lo sostiene delante de los tribunales, ¡caray!, ya lo veremos. Para mí los que defienden a un ladrón, de su casta son.

Don Dionisio se puso morado. Toda su dignidad profesional se le arrebató a la cara, y con lengua tartajosa de pura indignación, balbució:

—Poco... a poco..., poco... a poco. Soliviántese y refrigérese usted... ¡Yo me retrotraigo a mi cubículo!

El cura cruzaba la puerta cuando el maestro de escuela salía, encontró al hidalgo chispeando y rugiendo como cráter de volcán en plena erupción. ¡Mañana mismo interponía la demanda, y que se tentase la ropa el médico, que iría a presidio! Ante el arrebato del señor, don Serafín que era hombre excelente, un santo varón, en toda la extensión de la palabra, pero de estos que, como suele decirse, andan elevados y se chupan el dedo, tuvo el desacierto de endilgarle al furibundo don Ramón unos textos ascéticos y morales, que así tenían que ver con las nueces como con las estrellas del firmamento; y los ya tirantes nervios del señor —que era iracundo, defecto de casi todos los gotosos, por ser de sangre muy ácida— no sufrieron la homilía del párroco. Don Ramón, ciego y dasatinado, cogió su cayado semimuleta, y lo alzó contra el predicador, que despavorido salió como un cohete escalera abajo, ofreciendo aquel trance a Dios en rescate de sus culpas...

Así finiquitó y se disolvió, cual la sal en el agua, la tradicional partida de tresillo de don Ramón de las Baceleiras. Pero no acaba aquí la historia de las ocho nueces, pues no eran más las que, despojadas de la cáscara verde y partidas para mayor comodidad, presentó en mal hora el médico.

Irritado por aburrimiento de haberse pasado solo toda la noche, deseoso de ejemplar venganza, don Ramón, al siguiente día, interpuso la demanda contra don Juan de Mata por robo de frutas. Aguantó con brío el médico la arremetida; hubo consultas a abogados y procuradores; faltó avenencia en el juicio, apoderóse del asunto la curia de Brigancio, y le hizo gastar al hidalgo, en los años que duró la cuestión, que al fin perdió, una buena porrada de dinero: los miles de pesetas suficientes para cargar de nueces un par de navíos. Y como el despecho y el reconcomio del fastidio y de la soledad le produjesen a don Ramón un ataque más fuerte de los que solía padecer, y hubiese que llamar a don Juan de la Mata para asistirle, éste se negó, alegando que podrían achacarle la muerte de su contrincante y enemigo. Por falta del oportuno socorro empeoróse el hidalgo, y al fin entregó de malísimo talante el alma. El año de su muerte fue de gran regocijo para los rapaces de la aldea, que se comieron toda la cosecha del venerable nogal.

Blanco y Negro, núm. 320, 1897.

Nuestro Señor de las Barbas

La riqueza de don Gelasio Garroso era un enigma sin clave para los moradores de Cebre. No podían explicarse cómo el pobrete hijo del sacristán de Bentroya había ido a la callada fincando, apandando todas las buenas tierras que salían y redondeando una propiedad tan pingüe, que ya era difícil tender la vista por los alrededores del pueblo sin tropezar con la «leira» trigal, el prado de regadío, el pinar o el «brabádigo» de don Gelasio Garroso. Molinos y tejares; casas de labor y hórreos; heredades donde la avena asomaba sus tiernos tallos verdes o el maíz engreía su panocha rubia, todo iba perteneciendo al ex monago..., y en la plaza de Cebre, en el sitio más aparente y principal, podían los vecinos admirar y envidiar los blancos sillares que una legión de picapedreros labraba con destino a la fachada suntuosa de la futura vivienda del ricacho.

Lo que más hacía cavilar al vulgo era la certeza de que Garroso no había prestado a réditos con usura, ni comerciado, ni heredado a tío de Indias, ni apelado a ninguno de los medios lícitos o ilícitos de cazar con liga a la volandera fortuna. Descartada la misteriosa procedencia de sus caudales, era la vida de Garroso clara y transparente como el cristal, y sus costumbres tan honestas, tan intachable su conducta, que ni se atrevía a rozarle la calumnia con sus alas de murciélago. No solo no practicaba la usura, sino que solía ayudar desinteresadamente a vecinos a quienes veía con el agua al cuello; de cuando en cuando realizaba verdaderos actos caritativos; no intrigaba, no se metía con nadie, ni era pleiteante ni tirano para sus arrendatarios, ni hacía, en suma, cosa por la cual no mereciese el dictado del hombre más pacífico y justo del orbe. Notaban también su puntualidad en cumplir los deberes religiosos, en no perder misa y en rezar diariamente el rosario; y aunque no se le viese confesar ni comulgar, la gente de Cebre vivía persuadida de que lo hacía don Gelasio durante las temporadas que pasaba en Compostela. Siempre se distinguió por la piedad el hijo del sacristán de Bentroya, lo cual era tradición de familia, pues su padre y su abuelo habían muerto casi en olor de santidad, usando cilicios y edificando a sus contemporáneos. Estos antecedentes explican el asombro de los vecinos de Cebre cuando el que no tenía sobre qué caerse muerto, apareció nivelándose en caudal y rentas con los más altos señores del país.

Ya supondréis que la gente de imaginación no se resignó a no inventar. Quién afirmó intrépidamente que la fortuna de Garroso provenía de un contrabando de armas durante la guerra civil; quién juró y perjuró que en un viejo pazo había encontrado un tesoro fantástico, incalculable. Y no valía argüirles a estos novelistas de fecunda vena con que la guerra civil se había reducido en Galicia a que saliesen unos cuantos latrofacciosos mal armados de escopetas comidas de orín, y que, en cuanto al tesoro del pazo, no parecía verosímil que lo hubiese desenterrado Garroso, pues el único pazo que poseía —comprado a la arruinada y noble familia de Lacunde— no pudo adquirirlo hasta después de tener dinero. A pesar de esta objeción, la leyenda del tesoro fue la que prevaleció, la que obtuvo los sufragios de la multitud, la que lentamente se impuso hasta a los sensatos. Personas autorizadas aseguraban saber de buena tinta que don Gelasio vendía secretamente a los plateros, en Compostela, pedrería y oro labrado, monedas antiquísimas, sartas de perlas y deslumbradores joyeles de rubíes, esmeraldas y diamantes.

¡Y la versión era exacta! Más de una vez, y más de dos, y más de veinte —a cada desembolso, motivado por nuevas adquisiciones—, había realizado don Gelasio el viaje a Compostela, llevando consigo una reverenda bota de lo añejo, la clásica morena del país; pero morena preparada con los cubiletes para hacer juegos de manos, pues bajo el vino ocultaba un doble fondo en que yacían las monedas y las joyas. Los mayorales y zagales de la diligencia observaban que don Gelasio no prestaba su morena a nadie; si asfixiados por el calor le pedían un trago, sacaba dinero y los convidaba en las tabernas. Al llegar a la ciudad, don Gelasio vaciaba la bota, extraía el contenido del doble fondo, y siempre a deshora, y con la reserva más profunda, entraba en una ruin platería agazapada al pie de la catedral, y enajenaba la pedrería rica, los fragmentos de oro machacado, las onzas peluconas de abultado cuño; hecho lo cual regresaba a Cebre sin desamparar la bota. El platero guardaba reserva porque el negocio tenía enjundia.

Lo raro es que, después de excursiones tan fructíferas, solía don Gelasio pasarse dos o tres días en la cama, presa de un mal indefinido, una especie de morriña invencible. No llamaba médico; absorbía una dosis de quina o una de cocción de ruibarbo, y, al fin, se levantaba amarillo y desemblantado, como si saliese de una fiebre. Mal pudiera explicarse el médico la verdadera causa de su desazón, ni decirle que provenía directamente el espanto sentido cada vez que bajaba a la telarañosa cueva donde guardaba los restos del tesoro depositado en sus manos por los monjes de Bentroya cuando, al exclaustrarlos, hubieron de emprender el camino al destierro. Y no era, ciertamente, que le asustase ver las monedas, la plata repujada, ni las joyas que habían adornado sus altares; era que allí en la cueva estaba también —testimonio evidente e irrecusable de su delito— el Cristo viejo, la devotísima imagen conocida en el país por «Nuestro Señor de la Barbas».

Había sido antaño la venerada efigie, de grandor natural, la mejor prenda, el orgullo del famoso monasterio. Acudían en peregrinación los campesinos a adorarla, creyendo que las barbas de aquel rostro pálido crecían con regularidad, siendo preciso despuntarlas cada mes; que aquella angosta frente sudaba gotas de sangre, y que de aquellos ojos vidriosos, revulsos por la agonía, al cometerse en la comarca un escándalo o un crimen, se desprendían gotas de salado llanto. Al saberse que abandonaban el convento los monjes, creyóse que habían llevado consigo al Cristo milagroso. No era cierto. La memoria de la virtud ejemplar del sacristán, la excelente conducta de su hijo, les sugirieron la idea de confiar a este la custodia, no solo de la imagen, sino de todo el tesoro monacal, desde los cálices visigóticos hasta las onzas de Carlos IV. Creían los buenos monjes que aquello de la exclaustración era una racha pasajera; que la ira de Dios caería sobre quien así profanaba los monasterios; que dentro de un año, dos a lo sumo, aplacaríase la tormenta, sería castigada la iniquidad, y entrarían de nuevo en su amado retiro, con el Santísimo bajo palio y pisando flores. Y hay que reconocerlo: lo mismo creía don Gelasio.

Aguardó, pues, bastante tiempo, más de dos lustros, conservando fielmente el depósito, y evitando que cualquier indicio revelase, en aquel país infestado de gavillas de salteadores, que la cueva de su humilde casucha oculta por la riqueza. Por precaución la distribuyó, deslizando porciones por debajo de las vigas, en huecos que él mismo abría en la pared y tapadas luego con cal y mezcla; en rincones del huerto, que nadie sino él labraba, y donde enterraba muy profundas las ollas rotas atestadas de oro y preseas. Pero corrieron los años; los acontecimientos políticos siguieron su curso; el magno, el erguido monasterio de Bentroya, especie de Escorial perdido en la montaña, empezó a cubrirse de hiedra, a tener goteras, a dar indicios de decrepitud; los moradores de Cebre utilizaron como leña de arder los confesionarios, los estantes de la biblioteca, el piso de las celdas, hasta los tallados sitiales del coro..., y la idea criminal que sordamente bullía en el cerebro y en la voluntad de Garroso se presentó clara y definida, apretó el cerco, se envolvió en sofismas... y logró dar al traste con la acrisolada honradez. En un viaje a Compostela enajenó el contenido de la primera olla, y de vuelta adquirió la primera finca. Lo difícil es empezar. Roto el freno, nada contuvo al infiel fideicomisario.

Ningún aviso, ningún incidente casual vino a recordarle que delinquía. Sin duda todos los monjes habían perecido en la exclaustración; quizá, y es lo verosímil, solo uno de ellos, el abad, el que hizo entrega a Gelasio del tesoro, sabía el secreto; y el abad, cuando marchó, tenía setenta años y era propenso a la apoplejía. Lo cierto es que nadie se presentó a reclamar nada, y don Gelasio hubiere gozado tranquilidad absoluta en el crimen... a no ser por el Cristo viejo. «Nuestro Señor de las Barbas», la sacra efigie que tanto le habían encomendado los monjes, y que dormía en la cueva, descolgada de la cruz, envuelta en un polvoriento sudario. A cada nueva sangría al tesoro de los monjes, aplicada a satisfacer la codicia; a cada heredad con que redondeaba sus bienes; a cada viaje a Compostela para desprenderse de monedas o joyas, don Gelasio, enfermo de pavor, soñaba noches enteras con el Cristo, y le veía sacudir la envoltura y surgir pálido, barbudo, ensangrentado y horrible. Todos podían ignorarlo; podía no alzarse en la comarca una voz para condenar a Garroso; nadie le señalaría con el dedo, porque nadie sabía el infame origen de sus rentas...; pero bien lo sabía «Aquel», el del costado herido y los pies taladrados y la barba luenga, el de la cara lívida y los desmayados ojos.

Quedábale a don Gelasio el recurso de hacer hastillas y quemar la imagen... ¡Ah! No se atrevía; había mamado con la leche y llevaba en las venas el respeto y la devoción a «Nuestro Señor de las Barbas», la imagen soberana, milagrosa, en cuyo camarín ardía siempre una lámpara de oro, y cuyo altar habían desgastado los besos de la fe..., y solo de recordar que allí, en su cueva, reposaba el largo cuerpo desprendido de la cruz y rebujado en la sábana, parecido a un verdadero cadáver humano se estremecía de angustia, de espanto y momentánea contrición. No se sentía capaz ni de desenvolver el paño por miedo de ver crecidas las barbas de Cristo, y de encontrar sus ojos bañados en lágrimas. Y al mismo tiempo, tener al Cristo allí era conservar la evidencia del delito, la innegable prueba de la fechoría, y don Gelasio, en noches de insomnio, sentía pesar sobre su corazón el cuerpo inerte de Cristo, y en medio de las tinieblas creía palpar a su lado unos brazos angulosos y recios, y sentir el roce sedoso de unas barbas finas, espesas, como cabellera de mujer. Por eso, últimamente, se había propuesto no bajar a la cueva, donde quedaban todavía rastros del botín, algunas joyas de las más conocidas, que podían delatarle. «Nuestro Señor de las Barbas me ha de castigar», pensaba, inundado en frío sudor. En efecto, llegó la hora del castigo.

Nada tan peligroso como la fama de rico en la aldea. Al tomar cuerpo la leyenda de que don Gelasio poseía un tesoro, los ladrones de la comarca abrieron tanto ojo y meditaron un golpe. Organizóse una gavilla para asaltar al ricachón solitario. En la noche más cruda del invierno penetraron, enmascarados, en su vivienda; le ataron y con amenazas y, por último, refinados tormentos, hechándole aceite hirviendo en la planta de los pies y sobre el vientre desnudo, le obligaron a que revelase el escondrijo.

Como ya no quedaba sino lo encerrado en la cueva, al hincarle lancetas de cañas entre las uñas, resolvióse don Gelasio, moribundo de dolor, a guiar allí a los ladrones. Distinguíase en un rincón la forma de Cristo encubierto por el sudario, y Garroso, trémulo de espanto y desesperación, presenció como los bandidos rasgaban el paño polvoriento y descubrían la sagrada efigie —cuyas barbas le parecieron desmesuradas, formidables—. Los chasqueados fascinerosos dieron una patada al Cristo, y, blasfemando, exigieron el oro y las joyas. Entonces Garroso, en vez de señalar al rincón donde había soterrado lo que aún poseía del tesoro, arrojóse sobre la ultrajada imagen, besándola con delirante arrepentimiento. Y los ladrones, que temían ser sorprendidos porque los perros ladraban, apoyaron en la sien de Garroso el cañón de una carabina, dispararon..., y el cadáver del criminal, perdonado sin duda ya por la justicia celeste, rodó al lado de la efigie, bañándola en sangre.

La santa de Karnar

I

—De niña —me dijo la anciana señora— era yo muy poquita cosa, muy delicada, delgada, tan paliducha y tan consumida, que daba pena mirarme. Como esas plantas que vegetan ahiladas y raquíticas, faltas de Sol o de aire, o de las dos cosas a la vez, me consumía en la húmeda atmósfera de Compostela, sin que sirviese para mejorar mi estado las recetas y potingues de los dos o tres facultativos que visitaban nuestra casa por amistad y costumbre, más que por ejercicio de la profesión. Era uno de ellos, ya ve usted si soy vieja, nada menos que el famosísimo Lazcano, de reputación europea, en opinión de sus conciudadanos los santiagueses; cirujano ilustre, de quien se contaba, entre otras rarezas, que sabía resolver los alumbramientos difíciles con un puntapié en los riñones, que se hizo más célebre todavía que por estas cosas por haber persistido en el uso de la coleta, cuando ya no la gastaba alma viviente.

Aquel buen señor me había tomado cierto cariño, como de abuelo; decía que yo era muy lista, y que hasta sería bonita cuando me robusteciese y echase —son sus palabras— «la morriña fuera»; me pronosticaba larga vida y, magnífica salud; a los afanosos interrogatorios de mamá respecto a mis males, respondía con un temblorcillo de cabeza y un capitotazo a los polvos de rapé detenidos en la chorrera rizada:

—No hay que apurarse. La naturaleza que trabaja, señora.

¡Ay si trabajaba! Trabajaba furiosamente la maldita. Lloreras, pasión de ánimo, ataques de nervios (entonces aún no se llamaban así), jaquecas atarazadoras, y, por último, un desgano tan completo, que no podía atravesar bocado, y me quedaba como un hilo, postrada de puro débil, primero resistiéndome a jugar con las niñas de mi edad; luego a salir; luego, a moverme hasta dentro de casa, y, por último, a levantarme de la cama, donde ya me sujetaba la tenaz calentura. Frisaría yo en los doce años.

Mi madre, al cabo, se alarmó seriamente. La cosa iba de veras; tan de veras, que dos médicos —ninguno de ellos era el de la coleta—, después de examinarme con atención, arrugaban la frente, fruncían la boca y celebraban misteriosa conferencia, de la cual, lo supe mucho después, salía yo en toda regla desahuciada. Oíanse, en la salita contigua a mi alcoba, el hipo y los sollozos de mamá, la aflicción de mi hermana mayor, y los cuchicheos del servicio, las entradas y salidas de amigos aficiosos, todo lo que entreoye desde la cama un enfermo grave; y a poco me resonaban en el cerebro las conocidas pisadas de Lazcano, que medía el paso igual que un recluta, y entraba mandando, en tono gruñón, que se abriesen las ventanas y no estuviese la chiquilla «a oscuras como en un duelo». Habiéndome tomado el pulso, mandaba sacar la lengua, apoyado la palma en la frente para graduar el calor y preguntando a mi enfermera ciertos detalles y síntomas, el viejo sonrió, se encogió de hombros, y dijo, amenazándome con la mano derecha:

—Lo que necesita la rapaza es una docena de azotes..., y aldea, y leche de vaca..., y se acabó.

—¡Aldea en el mes de enero! —clamó, espantada, mi hermana—. ¡Jesús, en tiempo de lobos!

—Pregúntele usted a los árboles si en invierno se encierran en las casa para volver al campo en primavera. Pues madamiselita, fuera el alma, árboles somos. Aldea, aldea, y no me repliquen.

A pesar de la resistencia de mi hermanita (que tenía en Santiago sus galancetes y por eso se horrorizaba tanto de los lobos), mamá se agarró a la esperanza que le daba Lazcano, y resolvió la jornada inmediatamente. Por casualidad, nuestras rentitas de la montaña andaban a tres menos cuartillo; el mayordomo, prevalido de que éramos mujeres, y seguro de que no aportaríamos nunca por lugar tan salvaje, hacía de nuestro modesto patrimonio mangas y capirotes, enviándonos cada año más mermado su producto. El viaje, al mismo tiempo que salud, podía rendir utilidad.

El día señalado me bajaron hasta el portal en una silla; vi enganchado ya el coche de colleras que nos llevaría donde alcanzase el camino real; allí nos aguardarían mayordomo y caseros con cabalgaduras, para internarnos en la montaña. Yo iba medio muerta. Dormité las primeras horas, y apenas entreabrí los ojos al oír las exclamaciones de terror que arrancó a mi hermana y a mi madre la cabeza de un faccioso, clavada en alto poste a orillas de la carretera. Cuando encontramos a nuestros montañeses, faltaban dos horas para el anochecer, que en aquella estación del año es a las cinco de la tarde; y los aldeanos, no sé si por inocentada o por malicia, porfiaron en que nos diésemos toda la prisa posible a descargar el equipaje y montar, porque se echaba encima la noche, la casa estaba lejos y andaban a bandada por el monte los lobos y a docenas los salteadores. Mi hermana y, mi madre, casi llorando de miedo, se encaramaron como Dios les dio a entender sobre el aparejo de los jacos. A mí me envolvieron en una manta, y robusto mocetón que montaba una mula berruña mansa y oronda, me colocó delante, como un fardo. En tal disposición emprendimos la caminata.

Por supuesto que no divisamos ni la sombra de un ladrón, ni el hocico de un lobo. En cambio, las pobres señoras pensaron cien veces apearse por el rabo o las orejas, según caían las cuestas arriba o abajo de la endiablada trocha. Y al verse, por último, en la cocina del viejo caserón, frente al humeante fuego de queiroas y rama de roble casi verde, oyendo hervir en la panza del pote el caldo de berzas con harina, les pareció que estaban en la gloria, en el cielo mismo.

Yo no les quiero decir a ustedes las privaciones que allí pasamos. La casa solariega de los Aldeiros, mis antepasados, encontrábase en tal estado de vetustez, que por las rendijas del techo entraban los pájaros y veíamos amanecer perfectamente. Vidrios, ni uno para señal. El piso cimbreaba, y los tablones bailaban la polca. El frío era tan crudo, que solo podíamos vivir arrimadas a la piedra del lar, acurrucadas en los bancos de ennegrecido roble, y extendiendo las amoratadas manos hacia la llama viva. Ahora, que tengo años y que he visto tantas cosas en el mundo, comprendo que a aquel cuadro de la cocina montañesa no le faltaba su gracia, y que un pintor o poeta sabría sacar partido de él.

Las paredes estaban como barnizadas por el humo, y sobre su fondo se destacaban bien las cacerolas y calderos, y el vidriado del grosero barro en que comíamos. La artesa, bruñida a fuerza de haberse amasado encima el pan de brona, llevaba siempre carga de espigas de maíz mezcladas con habas, cuencos de leche, cedazos y harneros. Más allá la herrada del agua, y, colgada de la pared, la escopeta del mayordomo, gran cazador de perdices. Bajo la profunda campana de la chimenea se apiñaban los bancos, y allí, unidos, pero no confundidos, nos agrupábamos, amos y servidores.

Por respeto nos habían cedido el banco menos paticojo, estrecho y vetusto, colocado en el puesto de honor, o sea contra el fondo de la chimenea, al abrigo del viento y donde mejor calentaba el rescoldo; por lo cual, el mastín y el gato, amigos a pesar del refrán, se enroscaban y apelotonaban a nuestros pies.

Formando ángulo con el nuestro, había otro largo banco, destinado a la mayordoma, su madre, su hijo mayor (el que me había traído a mí al arzón de su montura), el gañán, la criada, y algún vecino que acudiese a parrafear de noche. Por el suelo rodaban varios chiquillos, excepto el de pecho, que la mayordoma tenía siempre en brazos. Y hundido en viejísimo sillón frailero, de vaqueta, el mayordomo, el cabeza de familia, permanecía silencioso, entretenido en picar con la uña un cigarro o limpiar y bruñir por centésima vez el cañón de la escopeta, su inseparable amiga.

Yo seguía estropeada, sin comer apenas, sin poder andar, temblando de frío y de fiebre; pero antes me matarían que renunciar a la tertulia. Mi imaginación de niña se recreaba con aquél espectáculo más que se recrearía en bailes o saraos de la corte. Allí era yo alguien, un personaje, y el centro de todas las atenciones Y el asunto de todos los diálogos.

Un granuja campesino me traía el pajarillo muerto por la mañana en el soto; otro asaba en la brasa castañas para obsequiarme; la mayordoma sacaba del seno el huevo de gallina, recién puesto, y me lo ofrecía; los más pequeños me brindaban tortas de maíz acabadas de salir del horno, o me enseñaban una lagartija aterida, que, al calorcillo de la llama, recobraba toda su viveza. ¡Ay! ¡Cuánto sentía yo no tener vigor, fuerzas ni ánimo para corretear con aquellos salvajitos por las heredades sobre la tierra endurecida por la escarcha! ¡Quién pudiera echar del cuerpo el mal y volverse niño aldeano, fuerte, recio y juguetón!

Después de los chiquillos, lo que más fijó mi atención fue la madre de la mayordoma. Era una vieja que podía servir de modelo a un escultor por la energía de sus facciones, al parecer cortadas en granito. El diseño de su fisonomía le prestaba parecido con un águila, y la fijeza pavorosa de sus muertos ojos (hacía muchos años que se había quedado ciega) contribuía a la solemnidad y majestad de su figura, y a que cuanto salía de sus labios adquiriese en mi fantasía exaltada por la enfermedad doble realce.

Tenía la ciega ese instinto maravilloso que parece desarrollarse en los demás sentidos cuando falta el de la vista: sin lazarillo, derecha, y casi sin palpar con las manos, iba y venía por toda la casa, huerta y tierras; distinguía a los terneros y bueyes por el mugido, y a las personas cree que por el olor. De noche, en la tertulia de la cocina, hablaba poco, y siempre con gravedad y tono semiprofético. Si guardaba silencio, no estaban nunca ociosas sus manos: hilaba lentamente, y en torno de ella el huso de boj, como un péndulo oscilaba en el aire.

Mire usted si ha pasado tiempo..., y me acuerdo todavía de bastantes frases sentenciosas de aquella vieja. El eco de su voz cuando guiaba el Rosario no se me olvidará mientras viva. Nunca he oído rezar así, con aquel tono —el de quien ruega que le perdonen la vida o le den algo que ha de menester para no morirse. Justamente el Rosario, como usted sabe, acostumbra rezarse medio durmiendo, de carrerilla; pero la ciega, al pronunciar las oraciones, revelaba un alma y un fuego, que hacían llenarse de lágrimas los ojos. Al concluir el Rosario y empezar la retahíla de padrenuestros, me cogía de la mano, desplegando sobrehumana fuerza, me obligaba, venciendo mi extenuación y debilidad, a arrodillarme a su lado, y con acento de súplica ardentísima, casi colérica, exclamaba:

—A Jesucristo nuestro Señor y a la santa de Karnar, para que se dine de sanar luego a la señoritiña. Padre nuestro...

Hoy no sé si me río... Afirmo a usted que entonces, lejos de reír, sentía un respeto hondo, una pueril exaltación y creía a pies juntillas que iba a mejorar por la virtud de aquella plegaria.

Una noche se le ocurrió a mi hermana, por distraer el aburrimiento, ponerse a charlar largo y tendido con la ciega o, mejor dicho, sacarle con cuchara la conversación, pues de su laconismo no podía esperarse más. Hablaron de cosas sobrenaturales y de milagros. Y entre varias preguntas relativas a trasnos, brujas, almas del otro mundo y huestes o compaña, salió también la que sigue:

—Señora María, ¿qué Santa es esa de Karnar a quien usted reza al concluir el Rosario? ¿Es alguna imagen? Porque Karnar creo que dista poco de aquí, y tendrá su iglesia, con sus efigies.

—Imagen... la parece —respondió la ciega en tono enfático.

—Pero ¿qué es, en realidad? Sepamos.

—Es imagen, solo que de carne, dispensando sus mercedes, y si la señoritiña quiere sanar, vaya allí. La salud la da Dios del cielo. Sin Dios del cielo, los médicos son...

Y para recalcar la frase no concluida, la ciega se volvió y escupió en el suelo despreciativamente.

Mal satisfecha la curiosidad de mi hermana con tan incompleta explicación y viendo que a la vieja no se le arrancaba otra palabra acerca del asunto, nos dirigimos a la mayordoma, obteniendo cuantos pormenores deseábamos.

Averiguamos que Karnar es una feligresía en el corazón de la montaña, cuatro leguas distante de nuestra casa de Aldeiro. Después me han dicho algunos amigos ilustrados que es notable el nombre de esa aldeíta, y, como todos los que principian en «Karn», de puro origen céltico. Allí, pero no en la iglesia, sino en su choza, no en el cielo y en los altares, sino viva y respirando es donde estaba la «Santa», única que, según la ciega, podía realizar mi curación.

—¿Y por qué llaman ustedes santa a esa mujer? —preguntó mi madre con el secreto afán del que entrevé una esperanza por remota y absurda que sea.

—¡Ay señora mi ama!-protestó la mayordoma escandalizada, como quien oye una herejía de marca mayor—. ¿Y no ha de ser santa? Más santa no la tiene Dios en la gloria. Mire si será santa, que su cuerpo es ya como el de los ángeles del cielo. Verá qué pasmo. Ni prueba comida ni bebida. En quince años no ha entrado en ella más que la divina Hostia de Nuestro Señor, todas las semanas. Y poner ella las manos en una persona, y aunque se esté muriendo levantarse y echar a correr..., eso lo veremos cada día, así Dios me salve.

—¿Ustedes vieron curar a alguien? —insistió mamá.

—Sí, señora mi ama, vimos..., ¡alabado el Sacramento!... Por San Juan, ha de saber que la vaca roja senos puso a morir..., hinchada, hinchada como un pellejo, de una cosa mala que comió en el pasto, que sería una «salamántiga», o no sé qué bicho venenoso... Y como teníamos el cabo del cirio que de encendiéramos a la santa, catá que lo encendimos otra vez.... y encenderlo y empezar la Roja a desinflar y a soltar la malicia, y a beber y a pastar como denantes...

Mi hermana se desternilló de risa con la curación de la Roja. Pero de allí a dos días yo tuve un síncope tan prolongado, que mi madre, viéndome yerta y sin respiración, me contó difunta.

Y cuando volví del accidente, cubriéndome de caricias y de lágrimas, me susurró al oído:

—No digas nada a tu hermana. Silencio. Mañana te llevo a la santa de Karnar.

II

Fue preciso hacer uso de iguales medios de locomoción que al venir de Compostela. Empericotada sobre el albardón del jamelgo mi madre; yo, llevada al arzón por el hijo del mayordomo, y dándonos escolta, armada de hoces, bisarmas, palos y escopetas, nuestra mesnada de caseros. Cuando íbamos saliendo ya de los términos de la aldea, internándonos en una trocha que faldeaba el riachuelo y se dirigía al desfiladero o garganta por donde empezaba la subida a los castros de Karnar, vimos alzarse ante nosotros enhiesta y majestuosa figura: la ciega.

Fue inmenso nuestro asombro al oír que quería acompañarnos, recorriendo a pie las cuatro leguas de distancia. De nada sirvió advertirle que iba a cansarse, que el camino era un despeñadero, que habría nieve y que ella en Karnar no nos valdría para maldita la cosa. No hubo razón que la disuadiera. Su respuesta fue invariable:

—Quiero «ver» el milagro, señoritiña. ¡Quiero «ver» el milagro!

Acostumbrado sin duda el mayordomo a la tenacidad de la suegra, me miró y se encogió de hombros, como diciendo: «Si se empeña, no hay más que dejarla hacer lo que se le antoje.» Y colocándola entre dos mozos, a fin de que la guiasen con la voz o las manos, se puso en marcha la comitiva.

Iba yo tan mala, que, a la verdad, no puedo recordar con exactitud los altibajos del camino. Muy áspero y escabroso recuerdo que me pareció. Sé que recorrimos tristes y desiertas gándaras, que subimos por montes escuetos y casi verticales, que nos emboscamos en una selva de robles, que pisamos nieve fangosa, que hasta vadeamos un río, y que, por último, encontramos un valle relativamente ameno, donde docena y media de casuchas se apiñaban al pie de humilde iglesia. Cuando llegamos iba anocheciendo. Mi madre había tenido la precaución de llevar provisiones, pues allí no había que pensar en mesón ni en posada. Por favor rogamos al párroco que nos permitiese recogernos a la rectoral, y el cura, acostumbrado sin duda a las visitas que le atraía la santa, nos recibió cortésmente, sin el menor encogimiento, ofreciéndonos dos camas buenas y limpias, y paja fresca para sustento de caballería y lecho de hombres. A la santa la veríamos al día siguiente por la mañana. Tal fue el consejo del párroco, que añadió sonriendo:

—Yo les daré cirios, señoras. La santa es una buena mujer. Y no come; vive de la Hostia. Eso me consta. No es pequeño asombro. Ya iremos allá. Antes oirán la misita... ¿No? Bien, bien; por oír misa y dar cebada no se pierde jornada. Ahora reposen, que vendrán molidas.

Al recogernos a nuestro dormitorio, al abrigarme mi madre y someterme las sábanas bajo el colchón, recuerdo que me dijo secreteando:

—¿Ves? Esta media onza..., para dársela mañana al cura por una misa. No hay otro medio de pagar el hospedaje... Y tú comulgarás en ella, y te confesarás..., a ver si la Virgen quiere que sanes, paloma.

No sé lo que sintió mi espíritu a la idea de contarle mis pecados a aquel curilla joven, mofletudo, obsequioso y jovial. Lo cierto es que me sublevé, y dije con impensada energía:

—Yo no me confieso aquí, mamá. Yo no me confieso aquí. En Santiago, con el señor penitenciario..., ¡cómo siempre!... ¡Por Dios! Quiero ver a la santa, pero no confesarme.

Notando mi madre que casi lloraba, y temiendo que me hiciese daño, me calmó diciendo en tono conciliador:

—Calla, niña; no te apures... Pues no, no te confesarás. Me confesaré yo en lugar tuyo... Pero mejor sería que te confesases. Porque si Dios ha de hacer algo por ti...
—No, no; confesarme no quiero.

Y al pronunciar con enojo infantil estas palabras, la ciega, que acurrucada en un rincón descansaba de la caminata fatigosa, se levantó de repente y, como iluminada por inspiración súbita, vino recta hacia mi madre, le puso en los hombros sus descarnadas y duras manos, y dijo con acento terrible:

—¡El cura no! ¡Señora mi ama...; deje solos a la santa y a Dios del cielo! ¡La santa..., y nada más!

Indudablemente, este pequeño episodio determinó a aquella mujer entusiasta a la extraña acción que realizó, apenas nos dormimos rendidas de cansancio. Debió de figurarse que la intervención del cura quitaba a la santa todo su mérito y su virtud. Esto lo discurro yo ahora, y creo que la ciega, allá en su religiosidad rara y de persona ignorante, se sublevaba contra la idea de que hubiese intermediarios entre el alma y Dios. Si no, ¿cómo se explica su atrevimiento?

Al calor de las mantas dormía yo sueño completo y profundo, y no desperté de él hasta que sentí una impresión glacial, cual si me azotase la cara el aire libre, el cierzo montañés. Hasta me pareció que me salpicaba la lluvia, y al mismo tiempo noté que una fuerza desconocida me empujaba, llevándome muy aprisa por un camino negro como boca de lobo. Fue tan aguda la sensación y me entró tal miedo, que me agité y grité. Y entonces oí una voz cavernosa, la voz de la ciega, que decía suplicante:

—Señoritiña, calle, que vamos junto a la santa. Calle, que es para sanar.

Enmudecí, sobrecogida, no sé si de terror, si de gozo. La persona que me llevaba en brazos andaba aprisa, tropezando algunas veces, otras deteniéndose, sin duda a fin de orientarse. De pronto oí que su mano golpeaba una puerta de madera, y su voz se elevaba diciendo con furia: «Abride.» Abrieron, relativamente pronto, y divisé una habitación, o, mejor dicho, una especie de camaranchón pobre, iluminado por una vela de cera puesta en alto candelero. Yo, en aquel instante, nada comprendía: estaba como quien ve una aparición portentosa, y no se da cuenta ni de lo que siente ni de lo que aguarda. Tenía ante mis ojos a la santa de Karnar.

En una cama humilde, pero muy superior a los toscos «leitos» de los aldeanos, sobre el fondo de dos almohadas de blanco lienzo, vi una cabeza, un rostro humano, que no puedo describir sino repitiendo una frase de la ciega, y diciendo que era «una imagen de carne». El semblante, amarillento como el marfil, adherido a los huesos, inmóvil, expresaba una especie de éxtasis. Los ojos miraban hacia adentro, como miran los de las esculturas de San Bruno; los labios se estremecían débilmente, cual si la santa rezase; las manos, Cruzadas y enclavijadas, confirmaban la hipótesis de perpetua oración. No se adivinaba la edad de la santa: por la transparente diafanidad de la piel, ni parecía niña ni vieja, sino una visión, en toda la fuerza de la palabra: una visión del mundo sobrenatural. Considérese lo que yo sentiría y el religioso espanto con que mis ojos se clavaron en aquella criatura asombrosa, transportada ya a la gloria de los bienaventurados.

Un aldeano y una aldeana de edad madura que velaban junto al lecho, me alargaron entonces silenciosamente un cirio que acababan de encender. Los tomé con igual silencio, y la aldeana, acercándose al lecho y persignándose, alzó la ropa, entreabrió unos paños, y mis horrorizadas pupilas contemplaron el cuerpo de la mujer que solo se alimentaba con la Hostia...

¡He dicho cuerpo! ¡Esqueleto debí decir! La Muerte que pintan en los cuadros místicos tiene esos mismos brazos, de huesos solo; ese esternón en que se cuenta perfectamente el costillaje, esos muslos donde se pronuncia la caña del fémur... Sobre el armazón de las costillas de la santa no se elevaban las dos suaves colinas que blasonan a la mujer delatando la más dulce función del sexo, y, en lugar de la redondez del vientre, vi una depresión honda, aterradora, cubierta por una especie de película, que, a mi parecer, dejaba transparentar la luz del cirio...

Pues con todo eso, la santa de Karnar no me asustaba. Al contrario: me infundía el deseo que despiertan en las almas infiltradas de fe las carcomidas reliquias de los mártires. Alrededor de la osamenta descarnada y negruzca, me parecía a mí que divisaba un nimbo, una luz, algo como esa atmósfera en que pintan a las Concepciones de Murillo...

No lo atribuya usted ni a romanticismo ni a cosa que se le parezca. Es una verdad, porque hoy veo lo mismo que vi entonces, y comprendo que la santa de Karnar..., «estaba hermosa». Lo repito, muy hermosa.... hasta infundir un deseo loco, ardentísimo, de «besarla», de dejarlos labios adheridos a su pobre cuerpo desecado, donde solo entraba la Eucaristía...

Yo me encontraba tan débil como he dicho a usted. Yo me sentía desfallecer momentos antes. Yo no servía para nada. Pues de repente (no crea usted que fue ilusión, que fue desvarío...), de repente siento en mí un vigor, una fuerza, un impulso, un resorte que me alzaba del suelo. Y llena de viveza y de júbilo me incorporo, cruzo las manos, alzo los ojos al cielo, y voy derecha a la santa, sobre cuya frente, de reseco marfil, clavo con avidez la boca... La de la santa se entreabre, murmurando unas sílabas articuladas, que, según averigüé después, debían de significar: «Dios te salve, María.» Pero,

¡bah!, yo juraré siempre que aquello era: «Dios te sane, hija mía.» Y me entra un arrebuto de felicidad, y siento que allá dentro se arregla no sé qué descomposición de mi organismo, que la vida vuelve a mí con ímpetu, como torrente al cual quitan el dique, y empiezo a bailar y a brincar gritando:

—¡Mamá, mamá! ¡Gracias a Dios! ¡Ya estoy buena, buena!

....

Quien se puso furioso fue Lazcano, el de la coleta, cuando rebosando alegría le enteramos del suceso.

—Pudo matarte esa vieja loca y fanática, hija mía. Fue una imprudencia bestial. Conforme te sentó bien, si te da por reventar, revientas. Claro, una sacudida así... ¡Mire usted que la santa! De esa santa ya le han hablado al arzobispo y teme que sea alguna embaucadora, y va a mandar a Kanar dos médicos y dos teólogos, personas doctas y prudentes, que la observen y noten si es cierto lo del comer... ¡Sin verla sé yo el intríngulis del portento! Esa mujer trabajaba, cocía pan en el horno; salió un día sudando, quedó baldada, y se ha ido consumiendo así... En caso raro, pero no sobrenatural. Si le pudiese hacer la autopsia, ya le encontraría en el estómago algo más que la Hostia... ¡Vaya! Su poco de brona ha de haber... Pero líbreme Dios de meterme en camisa de once varas, que al padre Feijoo costóle grandes desazones el desenmascarar dos o tres supuestos milagros...

—Señor de Lazcano —interrumpió mi madre—: pero la niña, ¿está mejor o no lo está?

—Lo está, ya se ve que lo está. ¡Linda pregunta! ¡Qué madamita esta! La niña ha pasado de sus trece..., y yo me quedo en los míos.

Nuevo Teatro Crítico, núm. 4, 1891.

De polizón

Queriendo ver de cerca una escena triste, fui a bordo del vapor francés, donde se hacinaban los emigrantes, dispuestos a abandonar la región gallega. La tarde era apacible; apenas corría un soplo de viento, y el cielo y el mar presentaban el mismo color de estaño derretido; el agua se rizaba en olitas pesadas y cortas, que parecían esculpidas en metal. Desde el costado del vapor nos volvimos y admiramos la concha, el primoroso semicírculo de la bahía marinedina, el caserío blanco y las mil galerías de cristales, que le prestan original aspecto.

Trepamos por la escalerilla colgante a babor, y al sentar el pie en el puente, no obstante la pureza del aire salitroso, nos sentimos sofocados por el vaho de la gente, ya aglomerada allí. Poco avezados a moverse en espacio tan reducido, hechos a la libertad campestre, los labriegos se empujaban, y había codazos, resoplidos y patadas impacientes. Las familias de los emigrantes no acababan de resolverse a marchar, y el marino francés encargado de recoger el inevitable papelito amarillo se impacientaba y gruñía: *Cette idée de venir ici faire ses adieux! On s'embrasse sur le quai, et puis c'est fini.* El navegante, curtido por innumerables travesías, no comprendía a los que lloriqueaban. ¡Un viaje a América! ¡Valiente cosa!

Nos entretuvimos un rato en observar las variadas fisonomías de los emigrantes. Había rostros cerrados y bestiales de mozos campesinos, y caras expresivas, como de santos en éxtasis, alumbradas por grandes pupilas meditabundas. Las muchachas, con los ojos bajos y el continente modesto peculiar de las gallegas, parecían el botín de la guerra de un corsario. Entre los recién embarcados podían distinguirse los pasajeros ya recogidos en San Sebastián, y se veían mujeres guipuzcoanas desgreñadas, hoscas, pálidas de mareo con la marca de su raza: el duro diseño de las facciones.

En medio de aquella abatida grey, de aquellas figuras que solo perdían el carácter bajo y plebeyo para adoptar expresión resignada y mística, me llamó la atención un aldeano viejo, exclusivamente consagrado a cuidar del transporte de su equipaje, reducido a un lío metido en un trapo de algodón y un arcón roído de polilla.

Contaría el viejo lo menos setenta años, y de su sombrero de fieltro, atado con un pañuelo para que no volase, se escapaba una rueda de argentados mechones que hacían resaltar el tono cobrizo de la tez. Vestía el traje del país, los blancos calzones de lienzo llamados «cirolas», la faja oscura y el «chaleque» con triángulo en la espalda. La cara denotaba gran astucia, y las pestañas blanquecinas daban singulares reflejos a los ojos azules, penetrantes y cautelosos. Iba solo; nadie le auxiliaba en su faena, y aunque nada deba sorprender, me sorprendía que tan próxima a la hora de la muerte emprendiese aquel hombre largo viaje y se arrojase a un cambio total de vida y costumbres. ¿Qué haría en el Nuevo Mundo?¿Qué confusión no serían para él los usos, los trajes, el habla, el ambiente, tan diverso del respirado hasta entonces? ¿A qué usos iba a aplicar su vetusta máquina, y qué buscaba en el país americano, si no era el cementerio?

Mientras yo devanaba estas reflexiones, el viejo seguía preocupado de desenredar su equipaje, entre el bullicio y el hervidero de la gente. No interrumpían su faena el cabestrante y la grúa, y esta parecía inmenso brazo que desde el vapor arramblase con cuanto había en tierra; la mano de gigantesco pirata barriendo el puerto de Marineda y trayendo arcas, sacos, baúles, muebles —sirviendo de tendones al brazo los fuertes cables—, para llevárselo todo a otra tierra más clemente con el hombre. Inclinado el viejo sobre la borda, seguía, palpitante de inquietud, los movimientos de la grúa, portadora del equipaje. Al fin se dilató su rostro y chispearon sus pupilas: balanceábase en el aire y descendía pausadamente el arca. ¡Cuánto conocía yo ese mueble familiar de nuestros aldeanos, donde guardan lo que más estiman! Allí se encierran, entre espliego, «lesta» y olorosas manzanas, el «dengue» majo, la randada camisa de lino, el «paño» de seda y los brincos de filigrana de plata, galas que solo salen a relucir el día de fiesta del patrón; allí, en el pico, se esconden, dentro de una media de lana, los ahorros que tantas privaciones presentan, desde el amarillo centén hasta el roñoso ochavo «de la fortuna».

El arca del viejo era de las mayores, pero también de las mas mugrientas y desvencijadas: traía remiendos de madera nueva y zunchos de hierro torpemente aplicados. Cuando vino a caer bruscamente sobre la cubierta, el viejo tendió las manos nudosas y se precipitó a parar el golpe; pero le empujó el tropel y dio de bruces contra un baúl de cuero, jurando enérgicamente. Al erguirse, su primer pensamiento fue para el arca. La estaban arrinconando, sepultándola bajo mundos de hojalata y líos de jergones —pues, como es sabido que en Montevideo no se da cama a los sirvientes, los emigrantes se llevan la suya—. Al ver que desaparecía el arca, el viejo blasfemó otra vez, y, apartando jergones, se lanzó a sacarla de entre tanta balumba. Los dueños corrieron a defender su propiedad; hizo resistencia el viejo, y se trabó una disputa que iba a convertirse quizá en batalla. Intervino el sobrecargo, que hablaba español, y, tratando de idiota al viejo, le preguntó qué carabina le importaba que el arca estuviese encima o debajo, pues siendo pesada y voluminosa, tenía que acomodarse de manera que no estropease los baúles. El viejo balbucía: un temblor extraño agitaba su cabeza, y la mirada escrutadora del francés se clavaba en él como la hoja de un cuchillo. «A sacar fuera ese condenado arcón», ordenó a los marineros; y aunque el viejo intentaba cubrir con su cuerpo el mueble, el sobrecargo, reparando en dos agujeros circulares que a los costados tenía, corrió a avisar al capitán. «Ouvrez», mandó éste imperiosamente; y como el viejo, barbotando protestas no quisiese entregar la llave, hicieron ademán de echar a la bahía el arca.

Palideció el aldeano bajo la pátina que el Sol había depositado en su rugoso cutis; dos lágrimas corrieron por sus mejillas, y, volviendo la cara, alargó la llave. Abierta el arca misteriosas, un grito se alzó del corro formado alrededor: dentro venía un muchacho como de quince anos, medio asfixiado ya... Era lo que se llama en la jerga del puerto un «polizón», un pasajero que se cuela a bordo sin pagar billete... Entonces comprendí no solo la desesperación mímica del viejo y sus afanes porque el arca no quedase debajo de los baúles, sino cómo se atrevía a cruzar los mares, estando al borde del sepulcro. No iba solo; se llevaba la esperanza simbolizada en la juventud, ¡y qué esperanza! ¡Así que anocheciese y el barco se hiciese a la mar, el abuelo abriría la puerta de la jaula y el nieto saldría gozoso, seguro ya!...

Entre tanto, el viejo de rodillas, arrastrándose, arrancándose las canas greñas, sollozaba amargamente. Algunos se reían y se burlaban; los más se sentían conmovidos. El capitán, accionando, encolerizado, hablaba de hacer perder al viejo el pasaje y despacharle enseguida a tierra. Mediamos para aplacarle, representándole la miseria de aquella gente, recordándole que hombre pobre todo es trazas, y que la necesidad dicta esos ardides. El viejo, sintiéndose protegido, redobló los extremos y nos contó una historia de dolor: su yerno, emigrado hacía años; su hija, muerta; el nietecillo, sobre sus cansadas espaldas; la cosecha, perdida; la vaca, vendida por no haber hierba que darle; la contribución, doblada; el fisco, sin entrañas; el Cielo, sordo a las oraciones...

¿Qué haríais si escuchaseis estas lástimas? Hubo cuestación, y el capitán se conformó con bastante menos del precio del billete, porque tampoco el capitán era ningún tigre.

Y abandonamos el barco, próximo ya a emprender su rumbo hacia otro hemisferio. Había anochecido, y la concha de la bahía ostentaba un esplendente collar de luces, en el centro del cual destellaba como enorme rubí el rojo farol del Espolón. Del vapor salían las notas frescas del zortzico donostiarra; los gallegos, viendo desaparecer entre las sombras las amadas costas de su tierra, no tenían valor ni para entonar uno de sus cantos prolongados y melancólicos.

Blanco y Negro, núm. 289, 1896.

Las setas

La jardinera, al pasar arremolinando una nube de polvo, justificaba su nombre: hacía el efecto de enorme ramillete. Los trajes borrosos de los hombres desaparecían bajo los de percal rosa, azul y granate de las mujeres, y las *Pamela*s de paja y las amplias sombrillas eran otros tantos cálices de gigantesca flor, abiertos sobre el verde gayo y frescachón del campo galaico.

Bajáronse los expedicionarios al pie del castañar, que les ofrecía para su merienda regalada sombra. Destaparon el cesto y, acomodándose sobre la hierba mullida, despacharon, entre alborozo, agudezas y carcajadas, el jamón fiambre y las rosquillas que regaron con champaña. Después corretearon por el bosque, jugando a esconderse. Eran siete, tres matrimonios y un muchacho soltero, gente distinguida de la corte, que veraneaban en el puertecillo de la costa cantábrica, y se sentía embriagada por el aire puro, los sanos alimentos y la, para ellos, desconocida belleza del país. Mientras el soltero Manolo Chaveta se ocultaba detrás del matorral, y las señoras, Clara, Lucía y Estrella, se dedicaban a buscarle entre el ramaje de los castaños nuevos, los tres maridos, Juan, Antonio y Perico, se entretenían en coger setas que Antonio declaraba comestibles.

—Las freiremos con tocino —exclamó—, y veréis qué bocado delicioso.

Al ponerse el Sol tenían dos pañuelos henchidos de setas morenas, leves como el corcho, olientes a almendra amarga.

Cuando, habiendo regresado al pueblecillo, ordenaron a la dueña de la fonda que friese sin tardanza las setas cosechadas en el bosque, la buena mujer se negó. ¡Madre mía del Corpiño! ¡Freír ella porquería semejante, una cosa de veneno, habiendo en el mar tanto rico pescado, y en la tierra tan sabrosos huevos y tan gordas gallinas! Precisamente aquella noche les tenía ella a los señoritos una cena de rechupete: lenguados en salsa, Pollos con «chicharos» y costillas de cerdo en adobo. ¡Que tirasen al polvero esa indecencia, si no querían morir de mala muerte! Pero Manolo Chaveta, echándola, de docto, trató de ignorante a la fondista; habló de Francia, donde a la seta se la llama «champiñón», y no falta en ningún guiso, aseguro que aquella eran setas excelentes, que en el tufillo se la conocía; requirió la sartén, y juró que si no nos las freía nadie, ¡hala!, las freiría él mismo.

—Bueno —gruñó la fondista—, ya que quieren reventar..., a su gusto. Váyase, señorito, y descuide, que yo amañaré las «setiñas» con su tocino, y, se las mandaré a la mesa hecha un Sol. Pero confiésense antes, por si acaso..., y avisen al escribano para hacer testamento.

A la hora de la cena, después de los tiernos pollitos, que se deshacían como merengue en su lecho de guisante, apareció, en efecto, un plato donde crujían aún las setas recién salidas de la sartén. Los expedicionarios, que ya casi ni se acordaban de ellas, las miraron con sorpresa y de reojo.

—¡En qué poco se han quedado! —exclamó Antonio, que había cosechado la mayor parte—. ¡Si apenas hay!

A pesar de esta observación y de la afición que todos habían jurado profesar a las setas, ninguna mano se tendía hacia el plato; pensaban en las palabras de la fondista, y les paralizaba involuntario temor, porque las setas, así fritas y encogidas, les parecían más siniestras que en el campo, esponjadas y leves. Pero como Lucía dirigiese a Manolo Chaveta una ojeada burlona, él se decidió, y exclamando: «¡Qué buena cara tienen!», se puso en el plato dos o tres. Antonio imitó su ejemplo, y las señoras picaron también alguna seta con el tenedor. Al principio comían con cierta repugnancia, mascando lentamente aquel manjar sospechoso; por fin, el saborcillo del tocino los animó y despabilaron —entre cuchufletas y alardes de humorismo, mofándose de las aprensiones de los indígenas, que desconocen las excelencias de los champignons— todo el contenido del plato.

La velada solían entretenerla leyendo periódicos y jugando al bezigue, y aquella noche no alteraron la costumbre; mas es fuerza declarar que las noticias no les interesaron, y el juego menos. Perico, que era de esos guasones pesados capaces de dar ictericia, amenizaba de cuando en cuando la reunión con frases de este jaez: «¿Han hecho ustedes examen de conciencia?» «¿Conocen ustedes aquí algún cura de confianza y aseadito, para eso de la extremaunción?...», hasta que su mujer, Estrella, una morena imperiosa, le soltó un furibundo rapapolvo, mandándole a la cama. A las once se retiraron todos, no sin que Clara dijese a Lucía en tono agridulce: «Te noto muy mal color», y Lucía respondiese, mordiéndose los labios: «Yo te lo notaba a ti; pero no quería decírtelo, por no asustarte.»

Las doce menos cuarto serían cuando Estrella salió al pasillo despavorida y en enaguas pidiendo socorro. La primera persona con quien tropezó fue Juan, desencajado y en mangas de camisa, que amparaba con la mano la luz de un bujía ardiendo en una palmatoria. Del cuarto salían desgarradores ayes exhalados por Clara. En cinco minutos se alborotó la fonda y empezó el bureo, el trastear en la cocina, el ir y venir del servicio, las preguntas de los demás huéspedes que se despertaban:

—¿Qué pasa?
—¿Arde la casa?

—No; esos de Madrid, que se han ajumado hoy más que otras veces —decían los bañistas locales.

—¡Quiá! Si es que se han envenenado con setas; se empeñaron en comerlas, y por fuerza hubo que freírselas —explicaba el criado, descolgando del perchero la boina para correr a avisar al médico, mientras la fámula volaba a turbar el sueño del boticario.

Parecía cosa de magia: los siete expedicionarios advertían iguales síntomas, el mismo horrible cólico, el mismo frío sudor. Los matrimonios procuraban auxiliarse, mientras que el soltero, Chaveta, se retorcía solo en su angosto lecho. Cuando los dolores dejaban alguna tregua, los enfermos se increpaban.

—Yo bien dije que era una locura comer esa inmundicia.

—¡Maldito sea quien las trajo a casa! —gemía Antonio, olvidándose de que las había recogido él en persona.

Y como cuando se sufre las horas parecen interminables, y el médico tardaba y también los remedios, las tres parejas creyeron definitivamente llegado su trance postrero, y pensaron, como se piensa en el vencimiento de una letra, en que era forzoso presentarse ante el Sumo Juez. Clara, temblorosa y con los ojos extraviados, echó los brazos al cuello del moribundo Juan, y le dijo al oído no sé qué cosas, a las cuales respondió él con voz desmayada y turbia:

—Si, hija, te perdono, y ojalá nos perdone Dios.

Por su parte, Lucía, con supremo esfuerzo, se arrodilló delante de Antonio, y murmuró algo; pero su marido no la dejó terminar; antes la alzó, exclamando afligido:

—Basta, querida; todos tenemos nuestros pecados.

En cuanto a Estrella, acostumbrada a tratar a Perico militarmente, se contentó con decirle entre dos bascas:

—Tus bromas sobre Chaveta te..., tenían... fun..., fundamento. Absuélveme enseguida, que... estoy agonizando.

Y Perico, crispando la manos sobre el estómago, que se le abrasaba en viva lumbre, repondió:

—Corriente; para lo que hemos de vivir..., absuelta quedas de eso y de todo.

Al cuarto de hora llegó el médico, viejo practicón que ya había asistido en algunos caso de intoxicación por setas. Venía pertrechado de emético y de éter, de esencia de tomillo y de hipecacuana. Apenas hubo visto a los enfermos, se le despejó el rostro y hasta sonrió.

—Envenenados están —dijo—; pero no hay que asustarse, que poco veneno no mata.

—Como que tiré al cesto de la basura casi todas las malditas setas, menos unas pocas, que freí por les cumplir el antojo —respondió la fondista, respirando libremente y rebosando el legítimo orgullo de quien ha salvado, mediante un rasgo de discreción, siete vidas humanas.

Restablecidos ya, al pronto los tres matrimonios se hablaban con cierto encogimiento, fríamente, lo mismo que si tuviesen algo atravesado en la garganta. Pero Chaveta, que había quedado desmejoradísimo desde la crujía, anunció que regresaba a Madrid; y con su marcha y la satisfacción de no haberse muerto, renació la alegría entre las parejas, que de allí a poco volvieron a merendar al bosque.

Blanco y Negro, núm. 274, 1896.

Saletita

Cuando doña Maura Bujía, viuda de Pez, vio incrustarse en el marco de la puerta a aquel vejete de piernas trémulas y desdentada boca, apoyado en un imponente bastón de caña de Indias con borlas y puño de oro, no pudo creer que tenía en su presencia al novio de sus juventudes, al que, por ser pobre, no se había casado con ella. Cierto que el novio, Pánfilo Trigueros, ya no era niño entonces; y ahora, mientras doña Maura llevaba divinamente sus cincuenta y nueve, activa y ágil y todavía frescachona, con el pescuezo satinado aún y los ojos vivos, don Pánfilo se rendía al peso de los setenta y cuatro, tan atropelladito, que doña Maura se precipitó a ofrecerle el sillón de gutarpercha.

—Y luego dicen que no se hacen viejos los hombres —pensó, risueña, mientras le daba mil bienvenidas—. ¡Ya sabía ella su llegada, ya! ¡Y que traía un capitalazo, montes y morenas!

—Eso sí, laus Deo —silbó y salivó don Pánfilo al través de sus despobladas encías—. No nos ha ido mal del todo... De aquí me echasteis por desnudo..., y vuelvo vestido y calzado y con gabán de pieles...

Doña Maura, abriendo el ojo a pesar suyo, cogió una silla y se acomodó cerquita del anciano. Tan rara vez entraban compradores en aquella tienda de pasamanería y cordonería, que no se perjudicaba la dueña recibiendo tertulia.

—¿Conque mucha suerte? ¿Era verdad que había depositado en la sucursal del Banco un millón de pesetas?

Como la vanidad es el más tenaz y constante de los sentimientos humanos, en las pupilas del viejo lució una vivísima chispa de satisfacción, y su rostro demacrado se coloreó. No, no había que exagerar: el millón de pesetas precisamente, no; pero, vamos, se le acercaba, se le acercaba... ¡Se le acercaba!

El corazón de doña Maura palpitó como no había palpitado antaño en las pláticas amorosas ni en los idilios conyugales... ¡Cerca de un millón de pesetas, Virgen Santísima de la Guía! ¿Cómo se puede reunir tanto dinero? ¡Qué de cosas se hacen con él! ¡Qué existencia ancha, fácil, deliciosa, representaban esos cuatro millones de reales! Toda su vida había lidiado doña Maura con la escasez... Siempre prisionera en el tenducho, echando cuentas y más cuentas; siempre trabajando, para no salir de una estrechez sórdida. Apuros y más apuros: el cesto de la plaza medio vacío o lleno de porquerías, cabezas de merluza y pescado de gatos; la cuenta del panadero, encima; la del zapatero amenazando... Entornando los ojos, veía una despensa atestada de cosas buenas —doña Maura pecaba de golosa—, conservas y dulces a porrillo, aparadores repletos de loza, armarios abarrotados de sábanas y ropa blanca en hoja todavía... ¡No más zurcir medias, no más remendar trapos! Hasta fantaseó la blandura fofa de los almohadones de un coche... ¡Coche! ¡Ella arrastrada por patas ajenas! Una oleada de felicidad se esparció por todo su cuerpo... ¡Y don Pánfilo que volvía soltero, solo; que no tenía en Marineda parientes, ni acaso amigos, después de veinticinco años que faltaba de allí!... Pero, cómo atraer, cómo seducir al vejestorio? ¿Cómo asegurar tan soberana presa? ¿Ardería aún en su corazón, bajo la ceniza, una chispita del antiguo entusiasmo?... ¡Ah, si una brisa de primavera refrescase y halagase aquel yerto corazón!... Y doña Maura se atusó el pelo de las sienes, se enderezó en la silla, escondió el pie mal calzado con babuchones de orillo...

Mientras preparaba sus baterías, entró en la tienda, rápidamente, una muchacha con vestido de percal y manto de clara granadina. Al través del ligero nubarrón del moteado velo de tul, los cabellos rubios y crespos lucían como toques de oro, y el rostro redondo y sonrosado, de angelote de retablo, parecía más juvenil, más luciente, con un brillo de primavera y de mocedad...

—Ven, Saletita: aquí tienes un señor que ya le conocerás, porque te hablé de él cien veces... Es don Pánfilo Trigueros...

Y la muchacha, con risa repentina, trinada y gorjeada, exclamó, encarándose con el viejo:

—¿Es usted ese tan rico, tan riquísimo? ¡Ay! ¡Quién me diera ser usted!

La ingenuidad de la muchacha, la alegría que es contagiosa, trajeron unos asomos de buen humor, una sonrisa pálida, a la triste carátula del indiano. Doña Maura, iluminada por una idea, adelantando ya sin recelo los babuchones de orillo, empujó a Saletita, que, sin cesar de reír, tropezó con don Pánfilo.

—Déle un beso que es una chiquilla...

El viejo llegó sus labios fríos a la cara de rosa, donde depositó un beso sepulcral...

Desde aquel día vino don Pánfilo todas las tardes, a la misma hora, a sentarse en el sillón de gutapercha, en la trastienda de su antiguo amor. Y se esparció por el pueblo la voz de que iban a realizarse los planes malogrados, y no faltó quien se mofase de aquella trasnochada y ridícula boda... Doña Maura recibía bien la broma, la contestaba con chanzas de comadre que hace su santo gusto, y ofrecía dulces, y convidaba para dentro de un mes... Juzgaba oportuno despistar a los murmuradores y curiosos, que envidiaban la caza magnífica. El indiano se había tragado el anzuelo. Aquel aturdimiento, aquella franqueza graciosa de Saletita, le conquistaron de golpe. Como el hombre de gastado estómago que siente capricho por un manjar nuevo o una fruta temprana, el viejo se encandilaba y se deshacía en babas mirando a la chiquilla.

Una dificultad presentía la madre, pero dificultad tremenda. Al manifestar don Pánfilo sus honestas intenciones, ¿cómo trastear a Saletita? ¿Cómo persuadirla al sacrificio? ¿Cómo decir a aquellos diecinueve años imprevisores, cándidos, floridos, que se uniesen indisolublemente a aquellos setenta y cinco achacosos, hediondos, envueltos ya en la atmósfera de la tumba? Doña Maura no se atrevía, no. ¡Vaya una ocurrencia del vejete, ir a chalarse por la mocita! ¡Qué hombres, qué incorregibles! Cuanto más viejo, más pellejo... Esta sentencia no es aplicable solo a los borrachos... ¿Para qué necesitaba ahora esposa el bueno de don Pánfilo? Para cuidarle, para servirle las medicinas, para dirigir su casa, para..., para heredarle, en suma..., sí, para recoger aquel fortunón, que no cayese en manos indiferentes, extrañas... ¿No sería prudente que, supuestos tales fines, eligiese una mujer formal, una persona ya práctica, seria, que sabe lo que es la vida y tiene experiencia y mundo?... ¡Ah! ¡Si don Pánfilo atendiese a su conveniencia!...

A todo esto, el tiempo corría, y era urgente sondear a Saletita, luchar con su repugnancia, convencerla... ¡Faena terrible! ¡Brega que doña Maura presentía estéril! Saletita, de fijo, nada sospechaba aún; pero cuando lo supiese pondría el grito en el cielo... Ciertamente, ella supondría que aquellos halagos bajo la barba, aquellas chocheces mimosas de don Pánfilo, eran como de padre... ¿Qué diría al enterarse de que el temblón la pretendía en casamiento? Todo el mundo embromaba a su madre con el indiano... ¡Cuando viese que el gato pelado y decrépito buscaba la rata tierna!

Por fin, una noche, después de cerrada la tienda, doña Maura, encomendándose a Dios, cogió a su hija, le hizo mil fiestas, y empezó a soltar las peligrosas insinuaciones... Callaba la muchacha, bajando la cabeza, escondiendo la mirada de sus azules pupilas, como se esconde travieso pilluelo que acaba de cometer un hurto. Y de súbito, a una exhortación más apremiante de su madre, jurando que prefería sufrir que ver sufrir a su hija, levantó la faz, soltó una carcajada de retintín plateado y claro, como el repique de argentina campanilla, y exclamó, esgrimiendo las manitas pequeñas y gordas:

—Bien, ¡ya sé que usted quería el novio para sí!... Pero ¡en eso estaba yo pensando! Desde el primer día conté con él... Si usted me lo quita, ¿Ve estas uñas? ¡Pues no le digo más!...

El gato negro, núm. 19, 1898. Lecciones de Literatura.

La redada

Mi boda se desbarató por una circunstancia insignificante, sin valor alguno sino para quien, como yo, se pasa de celoso y raya en maniático. ¿Fueron celos lo que tuve? ¡Apenas me atrevo a decir que sí! Y es porque me da vergüenza pensar que probablemente «serían celos»... en el fondo, allá en el fondo inescrutable y sombrío del alma... Para que se descifre mejor el enigma, explicaré mi manera de ser, antes de referir el mínimo incidente que dio en tierra con mi felicidad y me condenó, tal vez, a perpetua soltería.

Apasionadamente enamorado de mi novia, criatura fina e ideal como una flor blanca, y que reunía cuanto puede halagar la vanidad de un novio —alcurnia, elegancia, caudal—, aspiraba yo a ser para ella lo que ella era para mí: un sueño realizado. Si en su presencia alababa alguien los méritos de otro hombre, se me revolvía la bilis y se me ponía la boca pastosa y amarga. No habiéndome creído envidioso hasta entonces, la pasión me despertaba la envidia, que sin duda existía latente en mí, a manera de aletargada culebra. Hacíame yo este razonamiento absurdo: «Puesto que ese otro vale más que tú, tienes mayores derechos al sumo bien del cariño de María Azucena Guzmán, vizcondesa de Fraga. Para merecer tal ventura debes ser —o parecer— el más guapo, el más inteligente, el más fuerte, el primero en todo.» Y desatinado por mis recelos, aplicaba un escalpelo afiladísimo a las perfecciones de mi imaginario rival; le rebuscaba los defectos, le ridiculizaba, le trataba como a enemigo... ¡Hasta llegué a la vileza de la calumnia! Pasada la crisis, celosa, caía en abatimiento inexplicable, despreciándome a mí mismo.

Con el tacto propio de la mujer que quiere de veras, María Azucena, así que comprendió mi mal, evitaba toda ocasión de agravarlo. Se dejaba aislar, rehuyendo cualquier obsequio y trato que pudiese ser motivo de disgusto para mí. Apenas notaba que un hombre me hacía sombra, ni aun le dirigía la palabra. De este modo salvábamos los escollos de mi carácter. Mi futura solía repetir: «Así que nos casemos, mudarás de condición: lo espero y lo deseo, en interés de tu dicha y tu tranquilidad.»

Poco tiempo antes del día solemne, señalado para primeros de septiembre, un tío de mi novia, el rico propietario don Mateo Guzmán, nos convidó a una fiesta en su quinta. Se trataba de una «redada» o pesca de truchas en el río. La finca del señor Guzmán, que dista unas tres leguas del pueblo donde pasábamos el verano, goza merecida fama de ser la mejor de toda la provincia, por la amenidad de sus jardines, la frondosidad de sus arboledas centenarias y las muchas fuentes rumorosas que sombreaban grupos de odoríferas, magnolias y graves cedros del Líbano. Fundada desde el siglo XVIII, ostenta una vegetación antigua y noble, de aire aristocrático; pero el realce de la belleza natural se lo presta el ancho río Amega, que baña los lindes de la finca y besa los pies a sus tupidas espesuras. Se baja al río por sotos de castaños y pintorescas sendas abiertas entre robledas y pinares; y ya a orillas de la corriente se descansa, en praditos salpicados de flores y orlados de cañaveral y espadaña.

Con infinita tristeza evoco ahora este cuadro, que entonces me pareció tan encantador. Madrugamos y salimos de la ciudad en el mismo coche, bajo la égida de una hermana de María, casada ya. El camino se me hizo cortísimo. ¡Cruzar en carretera descubierta una comarca risueña y llena de poesía, a aquella hora matinal diáfana y suave, y teniendo enfrente a María Azucena, que me sonreía con ternura! Su velo de gasa dejaba entrever sus facciones al través de una nube, y la sombra del ancho pajazón oscurecía el misterio de los ojos y hacía resaltar la flor de los labios, encendida como un deseo... Por instantes, furtivamente, yo apretaba su manita calzada con guante de Suecia, y ella respondía a la presión lo mismo que si dijese: «Conforme...»

Fuimos agasajados al llegar, y antes de que el calor apretase, descendimos al río, a cuyas márgenes, a la sombra, debíamos saborear el campestre almuerzo. En un prado donde crecían mimbres y olmos, nos situamos para presenciar la redada. La trucha, que abunda en el río Amega, suele refugiarse sibaríticamente, durante la canícula, en ciertas hondonadas o pozos profundos llamados en el país frieiras, donde encuentra el agua helada casi. Tendida la red al través del río, entran en él unos cuantos gañanes alborotando el agua, desalojan a la trucha de su retiro y la obligan a correr espantada hacia la red; cuando ésta se encuentra bien cargada de pesca, sácanla a brazo sobre la hierba y la vacían; allí coletean como pedazos de plata viva los peces, que pasan sin demora a la caldera o la sartén. Tal espectáculo fue el que disfrutamos y despertó en María Azucena interés vivísimo.

Entre los gañanes que acababan de entrar en el río arremangados de brazo y pierna, uno, sobre todo, mereció que mi novia no apartase de él los ojos. Era un fornido mocetón que frisaría en los veinte años, y desplegaba vigor admirable para arrastrar la pesada red y sacarla de la corriente. Semidesnudo, como un pescador del golfo de Nápoles; bajo el Sol de agosto, que prestaba tonos de terracota a sus carnes firmes y musculosas de trabajador, tenía actitudes académicas y bellas, al atirantar la cuerda y jalar briosamente de la red. Yo acaso no lo hubiese reparado, si la voz de María Azucena, animada por el entusiasmo, no exclamase a mi oído:

—Mira, mira ese mozo... Qué fuerzas! Él solo trae la red... Parece una estatua de museo. ¡Da gusto verle!

Me estremecí y sentí frío en el corazón. Evoqué mi propia imagen, lo que sería yo con la vestimenta y en la postura de aquel gañán. Mis brazos darían lástima; mis piernas se prestarían a una caricatura. Ni una pulgada acercaría la red a la margen el esfuerzo raquítico de mis pobres músculos de burgués.

¿Cómo no había notado antes esta inferioridad de mi cuerpo? ¡Valiente novio, que ni aun podría llevar acuestas a su novia por los senderos desde el río hasta el palacio! ¡Oh miseria, oh desesperación! ¡Cuánto me humillaba el Apolo campesino, que, tachonano de gotas de agua donde el Sol encendía los colores del iris, sonriendo en su gallardía juvenil, tendiendo sus brazos dorados y robustos ofrecía a la mirada de María Azucena la encarnación de un ideal antiguo, la perfección física demostrada por la acción y la energía muscular!

Pálido y descompuesto, me llevé de allí a mi futura, y emboscándome con ella detrás de unos sauces, la apostrofé, profiriendo reconvenciones exaltadas, quejas brutales, ayes que me arrancaba el dolor... Roja de vergüenza, me miraba atónita, seria, apretando con las manos el pecho, a fin de contenerse... vi brillar en sus ojos la chispa de la dignidad mortalmente ofendida, y conocí que estaba perdido.

—No podemos casarnos —articuló María, por último, lentamente—. ¡Seríamos tan infelices!

Y, como el que se suicida, repetí en voz sorda:

—¡Seríamos tan infelices!

No hubo más explicación, María Azucena y yo no volvimos a cruzar palabra. ¿Para qué? En breves momentos, ella me había sondeado el alma..., y yo había conocido también la intensidad de mi mal incurable.

La oreja de Juan Soldado. (Cuento futuro)

Cuando llamamos a ganar jornal a Juan, el de la tía Manuela, yo ni sabía de qué color tenía los ojos, pues solo le había visto de lejos, los domingos, a la salida de misa. Al inspeccionar el trabajo de zanjeo que le confiamos, no tardé en observar que el jornalero arrastraba un poco la pierna derecha, y a la luz del Sol, que abrillantaba el sudor en su atezado cutis de labriego, noté también una cicatriz que hendía la mejilla, y la caída habitual de la boina hacia aquel lado de la cabeza, que parecía más chico que el otro. Fijándome en esta particularidad, pronto descubrí que a Juan le faltaba la oreja casi entera: solo quedaba un colgajo del lóbulo, bajo una ruda maraña de pelo.

Al hombre que se pasa todo el día hincando el azadón en el terruño, no hay cosa que le guste como eso de que le dirijan una pregunta. Es un socorrido pretexto para interrumpir la labor y descansar apoyándose en el mango de la herramienta. Es, además, una distracción. Juan me contestó solícito; sí, había estado en la guerra de Cuba la friolera de tres años... Y mientras encendía el cigarro, con la lentitud de movimientos característica del labrador, empezó a referir sobriamente sus campañas. Era preciso insistir para que entrase en detalles; no despuntaba por la elocuencia, y sus respuestas lacónicas no tenían animación ni colorido. Diríase que hablaba de aventuras y lances acaecidos a otros.

No obstante, tirando del hilo de los recuerdos, logré sacar la madeja de aquellos tres años terribles. El cuadro completo de la fatal guerra surgió iluminado por mi fantasía. En lugar de ver los arbustos cargados de fruta, las enredaderas cuajadas de flor, el perro tendido a mis pies, el celaje brumoso y, allá en el horizonte, el pedazo de mar detrás de la cortina de verdiazules pinares, yo veía pantanos y ciénagas, lodazales y charcos, en que acampaba una columna; los hombres tiritaban de fiebre palúdica, recibiendo en la mollera el calor de un cielo de plomo y de un Sol que no velaba ninguna nube; y de entre la intrincada espesura, a corta distancia, salía un disparo, luego otro; un «número» caía, crispando los dedos sobre el pecho; pero la columna proseguía su marcha, dejando al muerto tendido sobre el sangriento lodo, con las vidriadas pupilas abiertas.

Después veía erguirse el fortín solitario en la inmensa llanura, aislado centinela, que solo de Dios puede esperar socorro en caso de ataque; y entre el rumoroso silencio de la estrellada noche tropical, se me aparecía el fortín envuelto en llamas, sus defensores degollados allí mismo, a la claridad del incendio... Juan no sabía merced a qué milagro, cegado por la sangre fluyente del machetazo en la faz, había conseguido escapar vivo, emboscarse en la selva, caminar descalzo, hambriento, por espacio de cinco días y encontrar a la tropa que para salvar el fortín llegaba tarde...

Y cambiaba la decoración, y la escena pasaba en la costa; agazapados entre los escollos, protegidos por grupos de ceibas y manglares, Juan y sus compañeros hacían fuego sobre las lanchas del constelado banderín, que contestaban con dobles descargas acercándose a la orilla y atracando, a pesar de la fusilería, con la serenidad de la resolución. ¡Oh! Aquel enemigo nuevo, bien armado, bien equipado, sano, fuerte, no se volvía atrás ni se dispersaba como la traidora mambisería; pero tampoco pensaban retroceder los que rechazaban el desembarco; Juan no era capaz de decir las veces que había cargado y disparado su mauser; cierto que tampoco podía referir cuándo se le escapó de las manos, al sentir en la pierna derecha un golpe sordo y en la cabeza un desvanecimiento, del cual solo le hizo volver el dolor atroz de la extracción y la cura... Mes y medio de hospital y una convalecencia que era como largo delirio de pesadilla... ¡Y gracias que no le amputaron!

—¿Y la oreja? —exclamé—. No me has dicho qué fue lo de la oreja. Otro machetazo como el de la cara, de fijo.

Juan enmudeció algún tiempo, como si reflexionase. El labrador gallego es cauto, y da tres vueltas a la lengua antes de soltar lo que por cualquier motivo juzga comprometido o peligroso. Al fin, calmoso, a medias palabras, se decidió a referir la historia de la oreja menos.

—No fue machetazo, no, señora... Fue... una de esas cosas que pasan en el mundo... ¡Porque nunca conocemos dónde la mala suerte nos aguarda! Verá... Ya sabe cómo después de «acabarse» la guerra y quedar los «anqués» dueños de todo aquello, embarcaron para España a la tropa. El barco venía que no se cabía en él, y los enfermos éramos tantos, que ni asistirnos podían. Yo venía entre los más malitos, como que me trasladaron del hospital para el buque. ¡Y agradecer que no tuvieron que tirarme al mar! Cincuenta y siete echaron en la travesía, pero yo quedé.

Al llegar al puerto iba dando «cuasimente» las boqueadas. Me sacaron en camilla y me avispé una miaja con el fresquito de la tierra. Al acordar, empece a pedir agua por amor de Dios. En esto dicen que se llegó a mí una mujer (yo no veía; ¡si estaba espichando!) con un jarro lleno. Me lo contaron después los que la vieron; venía corriendo y gritando: «Hijo, hijo mío, «pobriño»; aquí te traigo de beber... toma, toma...» «Lo malo era que la autoridad no quería, vamos, que nos diesen nada, ni un «chisco» de agua, ni vino, ni caldo, ni leche; y había puesta fuerza, muchísima fuerza, «de arredor», para que no se acercasen las mujeres a nosotros. Aún no bien vieron a aquella, que se quería meter con el jarro entre los caballos y el «arremolino» de la gente..., escomenzaron a decir: «A ver si os calláis... A ver si no pedís nada, ¡recaramba!, que aquí ni hay orden ni uno se entiende.»

Yo, ¡ya se ve!, no oí lo que mandaban, porque no daba cuenta de mí; estaba en los últimos... Seguí pidiendo agua, por caridad... Y la mujer aquella, y otras muchísimas que andaban por allí con socorros, en vez de largarse, se arrimaban más, y torna con darnos la bebida. Se armó un alboroto que metía miedo, y la Policía a sacudir sablazos de plano y luego de corte... Yo sentí como si me «rabuñasen» con un alfiler nada más. Luego, en el hospital, al volver en mi sentido, me ardía la cara, y me dijo asimismo el médico: «Muchacho, si no te «mancaron» en Cuba, ya te «mancaron» aquí... Te han llevado de un sablazo una oreja...»

Silencio. Se había consumido el cigarrillo, y Juan, escupiendo en las manos callosas y anchas, volvió a agarrar el azadón. En su cara impasible no se revelaba ni enojo ni pena. A mí sí que me temblaba algo la voz al preguntarle:

—¿Volverás a la guerra, Juan? Ahora dicen que vamos a tenerla con los ingleses...

—Ya somos viejos para comer el rancho —contestó, apaciblemente, sacudiendo una paletada de tierra—. Allí mi hermano, que es más mozo...

El Imparcial, 6 marzo 1899.

Libros a la carta

A la carta es un servicio especializado para
empresas,
librerías,
bibliotecas,
editoriales
y centros de enseñanza;
y permite confeccionar libros que, por su formato y concepción, sirven a los propósitos más específicos de estas instituciones.

Las empresas nos encargan ediciones personalizadas para marketing editorial o para regalos institucionales. Y los interesados solicitan, a título personal, ediciones antiguas, o no disponibles en el mercado; y las acompañan con notas y comentarios críticos.

Las ediciones tienen como apoyo un libro de estilo con todo tipo de referencias sobre los criterios de tratamiento tipográfico aplicados a nuestros libros que puede ser consultado en Linkgua-ediciones.com.

Linkgua edita por encargo diferentes versiones de una misma obra con distintos tratamientos ortotipográficos (actualizaciones de carácter divulgativo de un clásico, o versiones estrictamente fieles a la edición original de referencia).

Este servicio de ediciones a la carta le permitirá, si usted se dedica a la enseñanza, tener una forma de hacer pública su interpretación de un texto y, sobre una versión digitalizada «base», usted podrá introducir interpretaciones del texto fuente. Es un tópico que los profesores denuncien en clase los desmanes de una edición, o vayan comentando errores de interpretación de un texto y esta es una solución útil a esa necesidad del mundo académico.

Asimismo publicamos de manera sistemática, en un mismo catálogo, tesis doctorales y actas de congresos académicos, que son distribuidas a través de nuestra Web.

El servicio de «Libros a la carta» funciona de dos formas.

1. Tenemos un fondo de libros digitalizados que usted puede personalizar en tiradas de al menos cinco ejemplares. Estas personalizaciones pueden ser de todo tipo: añadir notas de clase para uso de un grupo de estudiantes, introducir logos corporativos para uso con fines de marketing empresarial, etc. etc.

2. Buscamos libros descatalogados de otras editoriales y los reeditamos en tiradas cortas a petición de un cliente.

www.ingramcontent.com/pod-product-compliance
Lightning Source LLC
Chambersburg PA
CBHW021950160426
43195CB00011B/1310